예수님의 십자가 40일 묵상기도

예수님의 십자가 40일 묵상기도

1판 1쇄 발행 2022년 2월 10일
1판 1쇄 인쇄 2022년 2월 10일

지은이	정신일
펴낸이	정신일
편집	홍소희
교정	김윤수
펴낸곳	크리스천리더
일부총판	생명의 말씀사 (02) 3159-7979
등록	제 2-2727호(1999. 9.30)
주소	부천시 중동로 100 팰리스카운티 아이파크 상가 301호
전화	032) 342-1979
팩스	032) 343-3567
출간상담	E-mail:chmbit@hanmail.net
홈페이지	www.cjesus.co.kr
유튜브	크리스천리더TV

ISBN : 978-89-6594-332-7   03230

정가 : 7,500원

- 이 출판물은 저작권법에 의해 보호받는 창작물이므로,
  무단 복제와 무단전재를 할 수 없습니다.

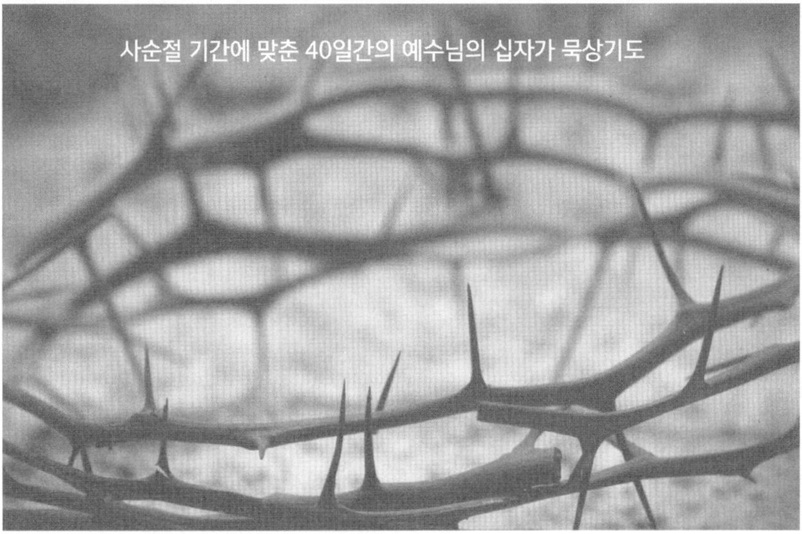

사순절 기간에 맞춘 40일간의 예수님의 십자가 묵상기도

[예수님의 십자가]
40일 묵상기도

정신일 지음

머리말

"내가 그리스도와 함께 십자가에 못 박혔나니 그런즉 이제는 내가 사는 것이 아니요 오직 내 안에 그리스도께서 사시는 것이라 이제 내가 육체 가운데 사는 것은 나를 사랑하사 나를 위하여 자기 자신을 버리신 하나님의 아들을 믿는 믿음 안에서 사는 것이라"(갈2:20).

예수님께서 지신 십자가는 우리의 죄사함과 구원을 이루시기 위한 희생적 선택이셨습니다. 이 묵상집은 40일간 예수님의 고난과 십자가의 의미를 생각하며 묵상할 수 있도록 꾸며져 있습니다.
특별히 사순절 기간에 맞춰 하루에 1장씩 읽고 묵상하며 말씀 요절을 정성껏 필사해 보세요.
사순절 기간 동안의 묵상집이지만, 사순절 기간 이후 어느 때라도 묵상하며 기도하실 수 있습니다.
예수님과 함께 죽는 연습을 통해서 우리 안에 있는 죄악된 성품과 습관들, 옛 자아와 옛 습성들을 제거하며 승리의 부활을 준비하는데 활용하시기 바랍니다.

개인 경건용으로, 각 교회 부서별로 활용하시거나 선물용으로도 좋습니다.

이 책의 활용법

1. 40일간 매일 1장씩 규칙적으로 묵상하시기 바랍니다.

2. 말씀과 기도문과 예화를 묵상하고 요절말씀도 정성껏 필사해보세요.

3. [기록하기]에는 자유롭게 마음의 상태를 기록하거나 하루의 일과나 간략한 기도문을 남기는데 활용하세요.

[예수님의 십자가 40일묵상기도]는 40일간의 묵상기도를 통해서 더 큰 은혜와 아름다운 추억의 자료가 될 것입니다.
이 묵상집을 통해 잊었던 예수님의 십자가 복음을 회복할 수 있는 좋은 계기가 되었으면 합니다.

기쁨의 부활절을 소망하며...
크리스천리더 정신일 목사

차 례

1. 더 가슴 깊이 알게 하소서 · 8
2. 좁은 십자가의 길 걷게 하소서 · 12
3. 감사할 수밖에 없는 그 은혜를 기억하며 살게 하소서 · 16
4. 섬기는 자 되게 하여 주옵소서 · 20
5. 나의 원대로 마시옵고 아버지의 원대로 하옵소서 · 24
6. 날마다 제 십자가 지게 하소서 · 28
7. 주님이 겪으신 고통의 무게를 기억하며 주님의 길을 걷게하소서 · 32
8. 주님, 나약한 제 모습을 기억하여 주옵소서 · 36
9. 오직 순결하신 주님을 따라가게 하소서 · 40
10. 약한 마음 강하게 붙잡아 주옵소서 · 44
11. 세상의 가치와 잣대로 주님을 바라보지 않게 하소서 · 48
12. 당신의 고통까지도 사랑합니다 · 52
13. 주님께 내려놓게 하소서 · 56
14. 늘 주님과 함께 영광의 길 걷게 하소서 · 60
15. 모든 것을 다 이루신 주님 · 64
16. 그 사랑에서 떠나지 않게 하여주소서 · 68
17. 흠모할 아무 모양도 없지만 · 72
18. 어린 양으로 오신 주님 · 76
19. 나 대신 고난 받으신 주님 · 80
20. 각기 제 길로 갔거늘 · 84

21. 도수장으로 끌려가는 어린양처럼 · 88
22. 높은 뜻을 향해 나아가는 자가 되게 하소서 · 92
23. 하나님의 뜻을 성취하신 예수님 · 96
24. 이 믿음 변치않게 하소서 · 100
25. 그 큰 사랑을 늘 기억하게 하소서 · 104
26. 다시는 죄의 길에 서지 않게 하옵소서 · 108
27. 하나님의 은혜와 구원의 능력 · 112
28. 예수 그리스도와 그가 십자가에 못 박히신 것 외에는 · 116
29. 하나님의 말씀과 진리를 좇아 · 120
30. 늘 십자가의 삶을 살게 하소서 · 124
31. 그리스도의 사랑이 우리를 강권하시는도다 · 128
32. 오직 주님만을 마음에 채우게 하옵소서 · 132
33. 다시 우리 안에서 그리스도가 소성케 하옵소서 · 136
34. 우리 마음을 돌아보게 하소서 · 140
35. 제사장들과 서기관들의 질문 · 144
36. 기도하며 깨어 있으라 · 148
37. 우리도 주님을 닮아가는 자들이 되게 하옵소서 · 152
38. 그 길의 끝이 영광의 길임을 알게 하옵소서 · 156
39. 무덤을 파수꾼이 굳게 지킴 · 160
40. 부활하신 주님을 찬양합니다 · 164

1. 더 가슴 깊이 알게 하소서

Power of words
이에 예수께서 제자들에게 이르시되 누구든지 나를 따라오려거든 자기를 부인하고 자기 십자가를 지고 나를 따를 것이니라 (마16:24).

나 위해 십자가를 지시고 고초 당하신 주님

주님의 십자가를 생각할 때

감당하지 못할 것 같아 두려웠고

때로는 마음의 짐이 되어

멀리하고 싶었던 적도 많았음을 고백합니다.

나를 부인하고 주님의 십자가를 지겠노라

다짐하면서도는 감당하지 못하고 살아왔던

부끄러운 저의 모습을 주님, 용서하여 주옵소서.

주님 뜻대로 살겠노라 늘 다짐하면서도
내 욕망을 채우며 세상과 타협하려던
저의 이기적인 모습을
주님의 십자가 앞에 다 내려놓게 하소서.

주님의 뜻이 아닌 나의 욕심과 욕망
주님의 뜻이 아닌 나의 생각과 주장
주님의 뜻이 아닌 나의 나된 모든 행동들
버리게 하여 주옵소서.

기쁨으로 주님의 십자가를 지고
늘 주님만 따라가게 하여 주옵소서.
주님께서 십자가 지시고 고통당하신 것이
다른 누구도 아닌, 저를 위함인 것을
더 가슴 깊이 알게 하소서.

◀ Story for prayer ▶

은혜는 힘이다.

은혜는 신앙의 힘이요, 삶의 힘입니다. 하나님을 믿을 수 있는 힘, 진리를 분별할 수 있는 힘, 선행을 행할 수 있는 힘, 고난을 참아낼 수 있는 힘, 박해를 견디어 낼 수 있는 힘, 원수조차 사랑할 수 있는 힘, 이 모든 것이 우리가 필요로 하는 은혜입니다. 그 은혜로 말미암아 우리는 구원받습니다.

너희는 그 은혜에 의하여 믿음으로 말미암아 구원을 받았으니 이것은 너희에게서 난 것이 아니요 하나님의 선물이라(엡2:8)

은혜받지 못한 자의 삶은 저주와 악담의 삶이요, 시기와 복수심에 불타는 삶입니다. 하지만 은혜 입은 성도의 삶은 남이 잘되기를 바라는 삶, 이웃이 복 받기를 바라는 삶입니다.
바울은 하나님의 은혜를 입은 후로 평생을 남에게 복을 빌어 주는 삶을 살았습니다. 우리는 이렇게 하나님의 은혜를 늘 구하며 그 은혜 아래 살아야 하고, 그 은혜를 베풀어야 합니다.

오늘 주신 말씀, 마음속에 새기며 정성껏 필사해 봅시다.

이에 예수께서 제자들에게 이르시되 누구든지 나를 따라오려거든 자기를 부인하고 자기 십자가를 지고 나를 따를 것이니라(마16:24)

◀ 기록하기 ▶

2. 좁은 십자가의 길 걷게 하소서

Power of words

그는 힘을 다하여 내 몸에 향유를 부어 내 장례를 미리 준비하였느니라 내가 진실로 너희에게 이르노니 온 천하에 어디서든지 복음이 전파되는 곳에는 이 여자가 행한 일도 말하여 그를 기억하리라 하시니라(막14:8~9).

나의 구원자되시는 예수님
십자가의 보혈의 피로 우리 모든 죄를 사해 주시고
영생의 길을 열어 주심에 감사를 올려드립니다.

나의 소망이 되시는 예수님
자신의 귀한 것을 주님께 아낌없이 드린
한 여인을 생각하게 하옵소서.

주님의 은혜가 너무 감사해
가장 값지고 귀한 향유를
아낌없이 주님의 발에 부어드렸습니다.

우리도
귀한 향유 옥합을 주 앞에 깨뜨려 드리게 하옵소서.

어떠한 시련과 고난이 온다해도
주님이 가신 십자가의 길을 따라 걷게 하시고
늘 주님과 동행하게 하여 주옵소서.

주님이 걸어가신 그 길이
고통과 고난의 길일지라도
아픔과 눈물의 길일지라도
좁고 협착하여 찾는 자가 없는 길이라 할지라도
그길은 귀한 향유의 향기처럼
아름다운 길임을 믿습니다.

묵묵히 주님만 바라보며 걷게 하시고
이기적이고 탐욕적인 세상의
유혹과 풍조를 버리게 하시며
이 좁은 십자가의 길을 걷게 하소서.

(Story for prayer)

역경을 극복한 레나 마리아

레나 마리아는 1968년 스웨덴 중남부 하보 마을에서 두 팔이 없고 한쪽 다리가 짧은 중증 장애인으로 태어났습니다. 병원에서 보호소에 맡길 것을 권유했지만 독실한 크리스천인 그녀의 부모는 하나님이 주신 아이로 확신하고 그녀를 정상 아이와 똑같이 신앙으로 양육했습니다. 수영과 십자수, 요리와 피아노, 운전, 성가대 지휘에 이르기까지 레나는 그녀의 하나밖에 없는 오른발로 못하는 게 없었습니다. 1988년 스웨덴 국영 TV에서 레나의 다큐멘터리가 방영되어 세상에 알려지게 되었고, 그녀는 이후 미국으로 건너가 가스펠을 공부하게 되었습니다.

1991년 일본 아사히 TV에서 '뉴스스테이션'에 방영된 것을 계기로 1992년부터 일본에서 매년 그녀의 콘서트가 열리고 있습니다.

그녀의 수기인 "발로 쓴 내 인생의 악보"는 프랑스, 독일, 네덜란드, 일본 등 9개국 언어로 출판되어 초대형 베스트셀러가 되었고, 그녀는 가스펠 싱어로 전 세계를 누비고 있습니다.

세계 언론들은 그녀의 목소리를 '천상의 노래'라고 격찬합니다.

레나는 "모든 것이 하나님 때문에 가능했다."라며 그 무엇보다도 "하나님과 자신과의 관계가 가장 중요하다."라고 말합니다.

그녀는 지금까지 한 번도 자신의 장애를 '장애'로 여긴 적이 없습니다. 오히려 그 장애가 믿음과 더불어 오늘날 자신을 있게 했다고 고백합니다.

오늘 주신 말씀, 마음속에 새기며 정성껏 필사해 봅시다.

그는 힘을 다하여 내 몸에 향유를 부어 내 장례를 미리 준비하였느니라 내가 진실로 너희에게 이르노니 온 천하에 어디서든지 복음이 전파되는 곳에는 이 여자가 행한 일도 말하여 그를 기억하리라 하시니라(막14:8~9).

《 기록하기 》

3. 감사할 수밖에 없는 그 은혜를 기억하며 살게 하소서

Power of words

때가 이르매 예수께서 사도들과 함께 앉으사 이르시되 내가 고난을 받기 전에 너희와 함께 이 유월절 먹기를 원하고 원하였노라 (눅22:14~15).

떡과 포도주를 제자들에게 나누어 주시며
"나를 기념하라" 말씀하신 주님.

당신의 살과 피를 먹고 마심으로
우리가 새 생명을 누리고 놀라운 은혜를
경험할 수 있었습니다.

주님과 함께 하는 것이 큰 행복이고 기쁨이지만
어제도 오늘도 늘 저의 약한 모습으로 인해
마음이 아프고 힘든 적이 많았음을 고백합니다.

주 안에서 은혜를 누리며 살고 있음에도
유다처럼 은혜에 감사할 줄 모르며
나의 욕심만 채웠던 적도 많았습니다.

허물과 허영으로 채워진 나약한 마음
주님 고쳐주옵소서.
그 마음이 없게 하옵소서.
오직 영광스런 당신의 십자가만 바라보게 하소서.

오늘도 험한 십자가 길에 오르신 주님을 생각합니다.

십자가의 그 귀한 일을 이루신 주님.
십자가의 희생으로 우리를 살리신 주님.

주님의 값진 핏값을 통해,
감사할 수밖에 없는 그 은혜를 기억하며
오늘도 살게 하여 주옵소서.

◀ Story for prayer ▶

히피족들에게도 복음을...

1970년대 미국 사회에 많은 물의를 일으켰던 히피족들이 있었습니다. 이들은 무리지어 살며, 마약과 술과 문란한 성생활로 사회에 많은 물의를 일으켰던 자들이었습니다.
당시 갈보리 교회의 척 스미스 목사님이 히피족들을 전도하기 시작했습니다. 그런데 저들이 교회에 한명 한명 나오기 시작 하면서 일부 성도들의 항의가 이어졌습니다.
복음도 좋고 은혜도 좋지만 냄새나고 마약에 찌든 저들이 교회로 오면 오히려 교회를 물들인다, 우리는 이들과 함께 예배드릴 수 없다며 항의하기 시작했던 것입니다. 그래도 스미스 목사님은 굽히시지 않으셨습니다. 결국 히피족들을 계속해서 늘어나게 되었습니다. 그런데 이들 히피족들이 예수 믿고 변화하면서 놀라운 변화가 일어나기 시작하였습니다. 마약과 술에 취해 유행가를 부르며 통기타를 튕기던 저들이 이제는 기타치며 악기를 연주하며 찬양을 부르기 시작하였던 것입니다.
이젠 많은 사람들은 히피족들의 통기타로 부르는 찬양에 은혜를 받기시작하게 되었습니다. 그렇게 히피족들에 의해 불려지게된 찬양을 가스펠송이라 불리우기 시작했다고 합니다.
이 가스펠송이 지금 우리가 즐겨 부르는 복음성가였습니다. 지금은 어느 교회를 가보더라도 가스펠송을 부르지 않는 교회가 없습니다.

오늘 주신 말씀, 마음속에 새기며 정성껏 필사해 봅시다.

때가 이르매 예수께서 사도들과 함께 앉으사 이르시되 내가 고난을 받기 전에 너희와 함께 이 유월절 먹기를 원하고 원하였노라 (눅 22:14~15).

◀ 기록하기 ▶

4. 섬기는 자 되게 하여 주옵소서

Power of words
내가 주와 또는 선생이 되어 너희 발을 씻었으니 너희도 서로 발을 씻어 주는 것이 옳으니라 내가 너희에게 행한 것 같이 너희도 행하게 하려 하여 본을 보였노라 (요 13:14~15).

섬김의 본을 보여주신 예수님
그 가르침 따라 살게 하소서.

주와 선생되신 예수님께서
제자들의 발을 씻겨 주시며
서로 서로 발을 씻겨주듯
서로 섬기라 말씀해 주셨습니다.

하지만, 우리는 가르침대로 행하지 못하며
살아왔음을 고백합니다.

낮아지기보다 높아지려고만 하고
겸손하기보다 교만하며
베풀기보다 더 움켜쥐고
더 군림하며 살아왔던
부끄러운 저의 모습을 돌아봅니다.

주님, 이런 저희 마음을 용서하여 주시고
당신의 겸손과 섬김을 배우게 하여 주옵소서.

내가 나를 낮게 여기기 전에
남을 더 낫게 여기고,
받기보다 먼저 베풀며
섬김의 도를 배우고 실천하는 삶 살게 하소서.

주님의 가르침 따라
우리도 서로 사랑하며
늘 주님을 닮아가게 하여 주옵소서.

◀ Story for prayer ▶

인생의 전환점(Turning Point)

노벨상은 세계 최고의 영예이며 흠모할만한 상입니다. 1866년 다이너마이트를 만들어 세계적인 대부호가 된 알프레드 노벨이 프랑스 여행을 하고 있었습니다. 그는 호텔에 배달된 신문을 보고 깜짝 놀라고 말았습니다. 신문에는 대문짝만한 기사가 실려 있었는데, '알프레드 노벨 사망'이라고 되어 있었습니다. 그 기사는 명백한 오보였습니다. 노벨의 형이 사망했는데 신문사에서 이름을 잘못 쓴 것입니다. 노벨은 그 뉴스를 접하고 큰 충격을 받게 되었고, 그는 하루 종일 호텔방에 머물면서 삶과 죽음을 생각하게 되었습니다.
"내가 만약 이대로 숨을 거둔다면……."
세계적인 발명가라는 엄청난 명예와 재물도 한낱 거품에 지나지 않았습니다. 그리고 좋은 의도에서 만들어진 다이너마이트가 살생의 무기로 사용되고 있어 노벨은 심한 죄책감에 싸이게 되었습니다. 속죄하는 마음으로 자신의 전 재산을 국가에 헌납했고, 그 기금으로 만든 것이 노벨상입니다.
신문의 오보가 세계최고의 상을 만들게 한 것입니다.
"내가 만약 지금 숨을 거둔다면……." 이란 가정을 해봅시다.
그렇다면 정말 소중한 것이 무엇인지 깨닫게 될 것입니다. 우리의 삶이 하나님 보시기에 부끄러움이 조금이라도 있다면 되돌려야 합니다. 인생의 전환점이 되어야 합니다.

오늘 주신 말씀, 마음속에 새기며 정성껏 필사해 봅시다.

내가 주와 또는 선생이 되어 너희 발을 씻었으니 너희도 서로 발을 씻어 주는 것이 옳으니라 내가 너희에게 행한 것 같이 너희도 행하게 하려 하여 본을 보였노라 (요13:14~15).

(기록하기)

5. 나의 원대로 마시옵고
아버지의 원대로 하옵소서

Power of words

조금 나아가사 얼굴을 땅에 대시고 엎드려 기도하여 이르시되 내 아버지여 만일 할 만 하시거든 이 잔을 내게서 지나가게 하옵소서 그러나 나의 원대로 마시옵고 아버지의 원대로 하옵소서 하시고 (마26:39).

하늘의 뜻대로 이루어지길
원하셨던 예수님.

"나의 원대로 마시옵고 아버지의 원대로 하옵소서."

간절한 주님의 기도를 매일 배우게 하소서.

죽음 앞에서 얼마나 아프고 힘든 기도였을까
생각하면 할수록 눈물이 흐르고
가슴이 아파옵니다.

겟세마네 동산에서
땀방울이 핏방울이 되도록 간절히 기도하신 예수님.

고난의 십자가의 길을 아셨지만 주님은
모든 기도가 아버지 뜻대로 이루어지길 원하셨습니다.
주께서 흘리신 그 눈물의 기도를 기억하게 하소서.

마지막까지 순종하시며
죄사함과 영생의 길을 열어주신 예수님.

우리가 할 수 있는 것은 감사의 마음뿐입니다.

예수님, 우리 마음을 붙잡아 주셔서
주님의 십자가의 길로 늘 걷게 하옵소서.

주님의 그 길이 영광의 길임을 기억하게 하시고
늘 주님을 닮아가는 삶이 되게 하옵소서.

◀ Story for prayer ▶

인간의 참 지혜

인간은 예지인(叡智人) 즉, 호모사피엔스(Homo Sapiens)로 보는 인생관이 있습니다. 하나님이 우리 인간에게 주신, 놀랍고 더 높은 세계를 향해 볼 수 있는 지혜입니다.

요한 웨슬리가 시골교회를 방문했습니다. 그 교회의 젊은 목사는 목회 문제 때문에 큰 좌절감에 빠져 있었습니다.

웨슬리가 이 젊은 목사와 함께 기도를 하고 나오는데 마침 외양간에 소가 있어 바라보니 소는 고개를 한껏 쳐들고 외양간 벽을 올려다보고 있었습니다.

웨슬리는 "저 소가 어째서 고개를 들고 있는지 아십니까?" 하고 묻고는 젊은 목사의 어깨에 손을 얹으면서 이렇게 말했습니다.

"벽이 있기 때문이죠, 사람도 앞에 벽이 있으면 고개를 들어야 합니다. 눈이 제일 위에 있는 것은 빨리 위로 눈을 들도록 하기 위함입니다."

우리는 어려울 때일수록 믿음을 가져야 합니다. 믿는다는 것은 앞에 벽이 있다고 체념하는 것이 아니라 벽이 있기 때문에 위를 바라볼 수 있는 것입니다.

성경은 "우리가 소망으로 구원을 얻었나니 보이는 소망이 소망이 아니니 보이는 것을 누가 바라리요. 만일 우리가 보지 못하는 것을 바라면 참음으로 기다릴지니라."(롬8:24~25)라고 말씀하십니다. 우리는 늘 주님을 바라보아야 합니다.

오늘 주신 말씀, 마음속에 새기며 정성껏 필사해 봅시다.

조금 나아가사 얼굴을 땅에 대시고 엎드려 기도하여 이르시되 내 아버지여 만일 할 만하시거든 이 잔을 내게서 지나가게 하옵소서 그러나 나의 원대로 마시옵고 아버지의 원대로 하옵소서 하시고 (마26:39).

《 기록하기 》

6. 날마다 제 십자가 지게 하소서

Power of words

예수께서 무리에게 말씀하여 이르시되 너희가 강도를 잡는 것 같이 검과 몽치를 가지고 나를 잡으러 나왔느냐 내가 날마다 너희와 함께 성전에 있으면서 가르쳤으되 너희가 나를 잡지 아니하였도다 그러나 이는 성경을 이루려 함이니라 하시더라 (막 14:48~49).

예수님께서 잡히시던 그날 밤.

검과 몽치를 들고 나타난 군인들에게
예수님은 반항없이 끌려가셨습니다.

모든 일들이 성경을 이루려 함을 아셨기에
하늘의 권능도 사용하지 않으시고,
죄인처럼 묵묵히 체포당하셨습니다.

베드로는 두려움에 떨며 칼을 휘둘렀지만
그것은 용기가 아닌 만용이었습니다.

그 때 제가 주님 곁에 있었더라면
저는 어떻게 행동하였을까요?

저도 베드로처럼 칼을 휘둘렀을까요?
다른 제자들처럼 잡힐 것이 두려워 숨었을까요?
내 이익을 위해 유다처럼 주님을 팔았을까요?

사랑의 주님
어떠한 어려움과 두려움 가운데서도
주님을 부인하지 않게 하소서.
날마다 주님의 입장에서 생각하고 행동하게 하소서.

주님이 지신 십자가의 길을
세상의 길과 같이 여기지 않게 하시고
날마다 제 십자가 지게 하소서.

《 Story for prayer 》

마음을 하나로 뭉치자

바다거북은 산란기가 되면 모래사장으로 올라와 보통 500개 이상의 알을 낳습니다. 거북의 산란장은 백사장의 깊고 깊은 모래 웅덩이입니다. 거북은 웅덩이에 알을 낳고 모래로 알을 덮어놓는데, 알에서 부화한 새끼거북들이 육중한 모래를 뚫고 빠져나오는 모습은 실로 장엄합니다.

새끼들은 상호협력과 철저한 역할 분담을 통해 모래를 뚫고 세상으로 나옵니다. 맨 위쪽의 새끼들은 부지런히 머리 위의 모래를 걷어냅니다. 옆의 새끼들은 끊임없이 벽을 허뭅니다. 그러면 맨 아래 있는 새끼 거북은 무너진 모래를 밟아 바닥을 다져가면서 세상으로 나옵니다.

거북알 하나를 묻어 놓으면 밖으로 나올 확률은 고작 25%에 불과합니다. 그러나 여러 개를 묻어 놓으면 거의 모두 밖으로 나옵니다.

상호협력은 상생(相生)을 가져옵니다. 그러나 반목과 질시는 파멸을 가져올 뿐입니다.

완승과 완패로 구분지어지는 사회와 가정은 불행합니다. 모두가 이기는 것이 진정한 승리입니다. 주 안에서 승리하는 길을 아는 것은 참으로 지혜로운 사람입니다.

오늘 주신 말씀, 마음속에 새기며 정성껏 필사해 봅시다.

예수께서 무리에게 말씀하여 이르시되 너희가 강도를 잡는 것 같이 검과 몽치를 가지고 나를 잡으러 나왔느냐 내가 날마다 너희와 함께 성전에 있으면서 가르쳤으되 너희가 나를 잡지 아니하였도다 그러나 이는 성경을 이루려 함이니라 하시더라 (막14:48~49).

《 기록하기 》

7. 주님이 겪으신 고통의 무게를 기억하며 주의 길을 걷게하소서

Power of words

문 지키는 여종이 베드로에게 말하되 너도 이 사람의 제자 중 하나가 아니냐 하니 그가 말하되 나는 아니라 하고 그 때가 추운 고로 종과 아랫사람들이 불을 피우고 서서 쬐니 베드로도 함께 서서 쬐더라 (요18:17~18).

고초와 수난을 당하시며 끌려가신 예수님
베드로는 주님의 처절한 모습을
멀찍이 서서 바라보았습니다.

안타까움과 두려움이 가득했지만
어찌할 수 없는 자신을 원망하며
그저 멀리서 사람들 눈을 피해
주님을 따라갔던 비겁한 베드로였습니다.

"예수와 한패 아니냐"며 다그치는 유대인들이 두려워

세 번이나 주님을 모른다 부인한 베드로.
겟세마네 동산에서 주님께서 붙잡히실 때
말고의 귀를 잘랐던 그 대담한 모습은 어디로 갔을까요?

주님, 저는 늘 입술로는 주님을 사랑한다 고백합니다.

하지만 고초 당하시던 그때
두려움으로 가득찬 베드로처럼
그저 멀찍이 서서 주님을 바라보고 있는 것은 아닌지
지금의 나를 돌아보게 됩니다.

불구경하듯 안타까워하지만
어쩔 수 없어 그저 구경만 하고 있는 것은 아닌지
저를 돌아봅니다.

나 위해 그 험한 십자가에 못 박히신 주님
당신의 피 흘리심을 외면하지 않게 하시고
주님이 감당하셔야 했을 그 고통의 무게를 기억하며
주님의 길을 가게 하소서.

◀ Story for prayer ▶

마음의 온도

마음은 정원같아서 가꿀수록 아름다워집니다. 돌볼수록 향기를 발합니다. 내면의 마음을 가꾸는 사람은 아름다운 사람입니다. 마음을 가꾼다는 것은 인격을 가꾼다는 것입니다. 향기로운 사람이 되려면 마음속 정원을 잘 가꾸어야 합니다.

마음은 하나님의 활동무대입니다. 생명의 근원이 여기서 나오고 지혜와 창조의 아이디어가 나옵니다. 인생을 승리한 사람들은 마음의 세계를 알았고 그 마음을 가꾸고 다스릴 줄 아는 사람이었습니다. 인간의 마음에는 양면성이 있습니다.

인간의 마음은 생명의 근원이면서 또한 부패척결의 원천입니다. 마음에서부터 악한 생각, 추한 생각, 파괴적인 생각이 나옵니다. 결국 모든 것은 마음에서부터 나옵니다. 사람은 차갑고 딱딱한 마음보다 부드럽고 따뜻한 마음을 찾아갑니다. 따듯함과 부드러움은 함께 가는 동반자입니다. 마음이란 너무 차가우면 냉정해지고 너무 뜨거우면 분별력을 상실하게 됩니다. 적절한 마음의 온도가 필요합니다. 우리가 먹는 음식은 에너지가 되는데, 그 에너지 가운데 25%는 몸과 정신이 운동하는데 쓰입니다. 나머지 75%는 몸의 체온을 유지하는데 쓰인다고 합니다.

몸의 체온을 유지하는 데 중요한 것이 음식입니다. 그렇다면 우리의 마음의 온도를 유지하기 위해서도 마음의 양식을 먹어야 하고, 그 양식은 하나님의 말씀입니다. 매일 말씀을 읽고, 읽은 말씀을 묵상하는 중에 마음의 온도를 조절합시다. 따듯하고 부드러운 마음의 상태를 유지합시다. 당신이 품은 마음에 따라 당신 주위의 사람과 환경도 변화될 것입니다.

오늘 주신 말씀, 마음속에 새기며 정성껏 필사해 봅시다.

문 지키는 여종이 베드로에게 말하되 너도 이 사람의 제자 중 하나가 아니냐 하니 그가 말하되 나는 아니라 하고 그 때가 추운 고로 종과 아랫사람들이 불을 피우고 서서 쬐니 베드로도 함께 서서 쬐더라 (요18:17~18).

『기록하기 』

8. 주님, 나약한 제 모습을 기억하여 주옵소서.

Power of words

베드로가 이르되 이 사람아 나는 네가 하는 말을 알지 못하노라고 아직 말하고 있을 때에 닭이 곧 울더라 주께서 돌이켜 베드로를 보시니 베드로가 주의 말씀 곧 오늘 닭 울기 전에 네가 세 번 나를 부인하리라 하심이 생각나서 밖에 나가서 심히 통곡하니라 (눅22:60~62).

사랑의 주님
베드로는 두려움 때문에 주님을 부인했습니다.

제 자신을 돌아볼 때
주님 뜻대로 산다고 하면서도
베드로와 다르지 않은 제 모습을 보게 됩니다.

그릇된 죄의 길을 걷다가도
베드로의 모습이 기억이 나
통곡하며 뼈저린 회개가 있었지만

여전히 변하지 않는
제 모습에 부끄러워지고
그럴 수밖에 없는 자책에 힘겨울 때도
많이 있었습니다.

이런 나약한 제 모습을 긍휼히 여겨 주옵소서.
이런 부족한 저를 용서하여 주옵소서.

고백해야 할 자리에서도 주님을 외면했던
부끄러운 제 모습을 생각하며 회개하오니
주님 용서하여 주옵소서.

더 강하고 담대한 믿음 주옵소서.
더 간절히 주님을 찾게 하시고
더 주님을 사랑하게 하여주옵소서.

주님, 모든 영광 받으옵소서.

◀ Story for prayer ▶

고난과 구원

바닷새류에 펠리컨(pelican)이란 새가 있습니다.
펠리컨들은 암수가 함께 알을 품어 부화시키며 새끼를 키울 때도 함께 키웁니다.
이 새는 턱에 주머니가 있어서 이 주머니에 물고기를 저장해 두었다가 새끼들에게 먹입니다.
그런데 날씨가 추워 물이 얼어붙거나 먹이를 구할 수 없을 때 펠리컨들은 주머니 속의 먹이를 모두 쏟아 먹인 후 자신의 가슴팍을 부리로 뜯어 그 살을 새끼들에게 먹이고, 나중에는 온몸을 자기 새끼들에게 뜯어 먹이다 죽어 버린다고 합니다.
예수님은 우리를 위해서 십자가에서 피 흘리며 돌아가셨습니다.
이사야 3장은 나를 위해 고난 받으시고 죽으신 예수님을 잘 설명하고 있습니다.
요한일서 1장 7절에 보면 그 아들 예수의 피가 우리를 모든 죄에서 깨끗하게 하실 것이라고 말씀하고 있습니다.
지금도 우리는 주님의 피 흘려 돌아가신 사건 때문에 구원받아 살고 있는 것입니다.

오늘 주신 말씀, 마음속에 새기며 정성껏 필사해 봅시다.

베드로가 이르되 이 사람아 나는 네가 하는 말을 알지 못하노라고 아직 말하고 있을 때에 닭이 곧 울더라 주께서 돌이켜 베드로를 보시니 베드로가 주의 말씀 곧 오늘 닭 울기 전에 네가 세 번 나를 부인하리라 하심이 생각나서 밖에 나가서 심히 통곡하니라 (눅22:60~62).

《 기록하기 》

9. 오직 순결하신 주님을 따라가게 하소서

Power of words

내가 물어도 너희가 대답하지 아니할 것이니라 그러나 이제부터는 인자가 하나님의 권능의 우편에 앉아 있으리라 하시니 다 이르되 그러면 네가 하나님의 아들이냐 대답하시되 너희들이 내가 그라고 말하고 있느니라 그들이 이르되 어찌 더 증거를 요구하리요 우리가 친히 그 입에서 들었노라 하더라 (눅22:68~70).

순결하신 예수님
세상 사람들은 당신을 이해하지 못합니다.

어떤 사람들은 당신의 사랑에 의심을 품습니다.
어떤 사람들은 죄 없는 당신을 조롱하며
손가락질 합니다.

유대인들은 예수님을 로마의 압제에서
해방시켜 줄 메시아라고 생각했지만
자신이 원하는 메시아가 아니라는 사실을 알게 되자

폭도로 변해서 예수님을 죽이고자 하였습니다.

분명 주님은 그런 정치적인 메시아가 아니었습니다.

세상 이익에 편승하고
이기적 욕망을 탐닉해왔던
우리가 찾는 주님은 유대인들과 다르지 않습니다.

주님, 간구하오니
이기적으로 주님을 받아들이지 않게 하시고
늘 당신의 사랑과 겸손으로 살며

움켜쥐기보다 베풀고
쟁취하기보다 나누는 삶을 살게 하옵소서.

언제까지라도 변치 않는 믿음을 주시고
오직 순결하신 주님을 따라
그 험한 십자가의 길을 걷게 하소서.

◀ Story for prayer ▶

고난 속에서 승리

조지 워싱턴 장군이 1776년 겨울에 펜실베니아주의 밸리 포지(Valley Forge)에 주둔하게 되었습니다. 그 겨울은 몹시 추웠으며 식량은 떨어지고 옷과 신발까지 헤어졌고, 군병들은 전염병까지 돌아 많이 쓰러지는 비참한 겨울이었습니다. 더구나 이웃 동네 사람들은 워싱턴 장군의 군대에 대하여 불친절하였습니다. 이때 워싱턴은 군병들에게 이런 연설을 하였습니다.
"여름철 군인(summer soldier)과 햇빛 날 때의 애국자(sunshine patriot)는 아무 일도 못한다.
장차 민족의 사랑과 존경을 받을 수 있는 사람은 고통의 날을 이겨낸 사람들이다."
기독교인도 워싱턴의 충고를 그대로 받아들여야 하겠습니다. '여름철 군인', 즉 추위도 없고 괴로움도 없는 좋은 계절에 사는 편안한 군인, 그리고 '햇빛 날 때의 애국자', 다시 말하면 세상이 편하고 위험이 없을 때에 애국을 부르짖는 입술의 애국자는 역사를 위하여 아무 일도 할 수 없다는 말입니다.
고통이 있을 때, 그리고 십자가를 져야 할 때 욕을 먹고 비난을 받고 어쩌면 피를 흘려야 되는 그러한 상황 속에서도 자기의 십자가를 피하지 않고 계속해서 지고 갈 수 있는 사람이 사랑과 존경을 받을 수 있는 사람인 것입니다.

오늘 주신 말씀, 마음속에 새기며 정성껏 필사해 봅시다.

내가 물어도 너희가 대답하지 아니할 것이니라 그러나 이제부터는 인자가 하나님의 권능의 우편에 앉아 있으리라 하시니 다 이르되 그러면 네가 하나님의 아들이냐 대답하시되 너희들이 내가 그라고 말하고 있느니라 그들이 이르되 어찌 더 증거를 요구하리요 우리가 친히 그 입에서 들었노라 하더라 (눅22:68~70).

｟ 기록하기 ｠

10. 약한 마음 강하게 붙잡아 주옵소서

Power of words

유월절이면 내가 너희에게 한 사람을 놓아 주는 전례가 있으니 그러면 너희는 내가 유대인의 왕을 너희에게 놓아 주기를 원하느냐 하니 그들이 또 소리 질러 이르되 이 사람이 아니라 바라바라 바라바는 강도였더라(요18:39~40).

구세주 예수님을 마다하고
흉악한 죄인을 선택한 저들을
십자가의 길로 용서하신 예수님

주님을 알지 못했을 때
저 역시도 헤아릴 수 없을 만큼
예수님을 십자가에 못 박았습니다.

흉악한 죄인을 선택한 저들과 마찬가지로
저역시도 십자가에 못 박으라 소리치는
성난 군중들 중에 하나였습니다.

주님께서 그런 저를 용서해 주시고
오히려 당신의 자녀로 삼아 주셨습니다.

그 놀라운 은혜와 사랑 감사드립니다.

이제부터는 방황과 방탕을 멀리하고 주님을 따르오니
약한 마음 강하게 붙잡아 주옵소서.

고난의 길이라 할지라도 주님과 함께 하니
그 길은 소망의 길이요 영광의 길임을 믿습니다.

주님, 저를 인도하시고
그 길에서 벗어나지 않게 인도하여 주옵소서.

늘 하늘의 영광을 보게 하옵소서.

◀ Story for prayer ▶

지금이 최상의 기회일 수 있다

역경은 보다 큰 축복을 동반하며 하나님의 은총을 보다 명백하게 드러내줍니다. 번영에는 반드시 많은 두려움과 싫은 일들이 따라오며, 역경에는 반드시 많은 위로와 희망이 따라옵니다.

여기 한 사람이 있습니다. 이 사람의 나이는 53세. 그가 하는 일은 모두 실패로 끝났습니다. 말단 공무원으로 취직을 했다가 곧 해고됐습니다. 이런 일이 반복되면서 자신감을 잃게 되었고, 전쟁 때 입은 왼손의 부상은 그를 항상 우울하게 만들었습니다. 그러던 중 작은 실수로 감옥에 갇히는 신세가 되고 말았습니다. 그의 인생은 비극적인 종말을 고하는 듯싶었습니다.

그러나 그는 감옥에서 뜨거운 창작의욕을 느꼈고, 그 열정으로 쓴 글이 한 권의 책으로 묶여 나왔을 때 사람들은 환호했습니다. 이 작품이 바로 400여 년간 전 세계인들에게 널리 읽히고 있는 '돈키호테'입니다. 환경이 어려워도 인간의 의지를 꺾을 수는 없습니다.

최상의 환경은 영원히 주어지지 않을 수도 있지만, 이것이 새로운 출발을 위한 최상의 기회일 수 있는 것입니다.

명포수는 맹수를 만나야 비로소 그 진가가 발휘됩니다. 세계 역사상 모든 우수한 문명과 문화는 어김없이 고난과 역경의 소산이었습니다. 사시사철 야자와 바나나를 비롯해서 모든 것이 풍족하여 힘들이지 않고 얻을 수 있는 하와이 섬에는 자랑할 만한 문화유산이 전혀 없지만 얼음의 땅 알래스카는 미국에 의해 개발되었을 때 비로소 죽음의 땅에서 축복의 땅으로 변하였습니다.

오늘 주신 말씀, 마음속에 새기며 정성껏 필사해 봅시다

유월절이면 내가 너희에게 한 사람을 놓아 주는 전례가 있으니 그러면 너희는 내가 유대인의 왕을 너희에게 놓아 주기를 원하느냐 하니 그들이 또 소리 질러 이르되 이 사람이 아니라 바라바라 바라바는 강도였더라(요18:39~40).

《 기록하기 》

11. 세상의 가치와 잣대로 주님을 바라보지 않게 하소서

Power of words

빌라도가 이르되 그러면 그리스도라 하는 예수를 내가 어떻게 하랴 그들이 다 이르되 십자가에 못 박혀야 하겠나이다 빌라도가 이르되 어찜이냐 무슨 악한 일을 하였느냐 그들이 더욱 소리 질러 이르되 십자가에 못 박혀야 하겠나이다 하는지라 (마 27:22~23).

길과 진리와 생명 되신 예수님
우리는 진정한 가치가 어디 있는지 알면서도
세상적 이익과 가치만 추구하며 살아가고 있습니다.

사랑의 주님
진정한 가치는 오직 예수그리스도 밖에 없음을
기억하게 하소서.

진정한 진리는 오직 예수그리스도 안에 있음을
알게 하소서.

예수님을 참 구주로 알지 못하여
"십자가에 못 박아야 하겠노라"
외치던 저들의 전철을 밟지 않도록 도와주옵소서.

진리가 세상의 풍조에 가리워져
주님을 바라보지 못하게 하지만
그 눈을 열어 진리의 주님을 바라보게 하소서.

세상의 가치와 잣대로
주님을 바라보지 않게 하시고
이기적인 마음으로 주님을 판단하지 않게 하소서.

말씀을 통해 주님을 알게 하시고
말씀을 통해 주님을 바라보게 하옵소서.

오직 십자가에서 승리하신 예수님을 찬양합니다. 아멘

◀ Story for prayer ▶

참 가치

미국의 한 선교사가 중국의 농촌으로 들어가 복음을 전하다가 그곳의 농민들이 감자를 수확하여 큰 감자는 먹고 작은 감자는 두었다가 감자 씨로 사용하는 것을 보았습니다. 선교사는 미국에서는 큰 감자를 씨로 사용한다고 농민들에게 말해 주자, 중국인들은 선교사의 말대로 실험을 해 보았습니다. 수확기가 되었을 때 정말 큰 감자의 씨가 큰 감자를 만드는 것을 보았습니다.

히말라야 고산족들은 양을 매매할 때 크기에 따라 값을 정하는 것이 아니라 양의 성질에 따라 값을 정한다고 합니다. 양의 성질을 테스트하는 방법은 가파른 산비탈에 양을 놓아두고 살 사람과 팔 사람이 함께 지켜봅니다.

이때 양이 비탈 위로 풀을 뜯으러 올라가면 몸이 마른 양이라도 값이 오르고 비탈 아래로 내려가면 살이 쪘더라도 값이 내려갑니다. 위로 올라가려는 양은 현재는 힘이 들더라도 넓은 산허리의 미래를 갖게 되지만, 아래로 내려가는 양은 현재는 수월하나 협곡 바닥에 이르러서는 굶어 죽기 때문이라는 것입니다. 우리의 시선은 보다 쉬운 것들에 집중하라는 유혹을 받고 있습니다. 그렇지만 현실 이면의 그림을 볼 수 있어야 합니다. 땀과 피를 흘려야 볼 수 있는 세상을 보는 자만이 값진 인생을 살 수 있습니다. 주님은 우리에게서 참 진실한 좁은 문을 통과해 나갈 수 있는 믿음을 원하십니다.

오늘 주신 말씀, 마음속에 새기며 정성껏 필사해 봅시다

빌라도가 이르되 그러면 그리스도라 하는 예수를 내가 어떻게 하랴 그들이 다 이르되 십자가에 못 박혀야 하겠나이다 빌라도가 이르되 어찜이냐 무슨 악한 일을 하였느냐 그들이 더욱 소리 질러 이르되 십자가에 못 박혀야 하겠나이다 하는지라 (마27:22~23).

《 기록하기 》

12. 당신의 고통까지도 사랑합니다

Power of words

가시관을 엮어 그 머리에 씌우고 갈대를 그 오른손에 들리고 그 앞에서 무릎을 꿇고 희롱하여 이르되 유대인의 왕이여 평안할지어다 하며 그에게 침 뱉고 갈대를 빼앗아 그의 머리를 치더라 희롱을 다 한 후 홍포를 벗기고 도로 그의 옷을 입혀 십자가에 못 박으려고 끌고 나가니라 (마27:29~31).

나 위해 십자가 고난당하신 예수님
우리도 예수님의 고난에 동참하게 하옵소서.

가시관을 엮어 머리에 씌우고
채찍질과 희롱의 말로 주님을 괴롭히며
침 뱉고 갈대로 머리를 치는 무리들속에서도

예수님은 묵묵히
도살장에 끌려가는 소처럼
그렇게 끌려가셨습니다.

저들의 조롱과 핍박속에서도
"주님 저들을 용서하소서. 저들의 무지를 용서하소서."
간절히 기도드리셨던 주님
오르시던 골고다 언덕길은 핏빛의 기도였습니다.

예수님께서 찔리심은 우리의 허물 때문이었고
예수님께서 상하심은 우리의 죄악 때문이었습니다.
예수님께서 징계를 받으심으로
우리가 평화를 누리게 되었고
예수님께서 채찍에 맞으심으로
우리는 나음을 받았습니다.

저희를 살리려 귀한 보혈 흘려주시고
목숨까지 버리신 주님.

그 깊은 사랑을 모두 헤아릴 수는 없지만
주님을 사랑합니다. 당신의 고통까지도 사랑합니다.

◀ Story for prayer ▶

심장에 못을 박지 말라

어떤 목사님이 있었습니다. 날마다 깊은 기도에 잠기는 분이셨는데, 하루는 깊은 밤 기도에 전념할 때 주님의 환상이 나타났습니다. 이마에는 가시관을 쓰시고, 두 손과 발에는 못이 박힌 채로 아직도 피가 흐르고 있는 모습이었습니다.

주님이 점점 가까이 오시면서 가슴을 펼쳐 보이시는데, 주님의 가슴에 무수한 못이 박혀 있었습니다.

목사님은 너무도 놀라 "주님이시여, 나는 주님이 좌우 손과 발에만 못이 박히신 줄 알았는데 이 심장부분에 박히신 이 무수한 못들이 웬일입니까? 무슨 까닭입니까?" 하고 부르짖었습니다.

이때 주님이 말씀하시기를 "내 좌우 손바닥과 좌우 발등에 박은 못은 믿지 않는 자들이 박은 것이지만, 내 심장에 박혀진 이 무수한 못들은 모두가 믿는 자들이 내 이름으로 박은 못들이란다." 하고 말씀하시면서 우셨다는 것입니다.

주님을 믿노라 하고 탈선을 하여 죄를 짓고, 불의의 향락에 빠지고, 또 믿는다고 하면서 싸우고, 헐뜯고 할 때 십자가의 복음은 빛을 잃고 주님의 거룩하신 이름에 먹칠을 하는 것입니다.

이것이 주님을 또다시 십자가에 못 박는 것이라는 것입니다. 이것은 주님의 가슴에 못을 박는 일입니다. 주님의 십자가 사랑을 잊지 맙시다!

오늘 주신 말씀, 마음속에 새기며 정성껏 필사해 봅시다

가시관을 엮어 그 머리에 씌우고 갈대를 그 오른손에 들리고 그 앞에서 무릎을 꿇고 희롱하여 이르되 유대인의 왕이여 평안할지어다 하며 그에게 침 뱉고 갈대를 빼앗아 그의 머리를 치더라 희롱을 다 한 후 홍포를 벗기고 도로 그의 옷을 입혀 십자가에 못 박으려고 끌고 나가니라 (마27:29~31).

(기록하기)

13. 주님께 내려놓게 하소서

Power of words

이르되 내가 무죄한 피를 팔고 죄를 범하였도다 하니 그들이 이르되 그것이 우리에게 무슨 상관이냐 네가 당하라 하거늘 유다가 은을 성소에 던져 넣고 물러가서 스스로 목매어 죽은지라 (마27:4~5).

나의 구원자 되신 예수님
주님을 은 삼십에 팔아넘긴
유다의 모습을 생각해 봅니다.

유다는 탐욕 때문에 은 삼십에
예수님을 제사장들에게 넘겨
자신의 유익을 챙겼습니다.

그로인해 죄책감을 이기지 못하고
돌이킬 수 없는 자멸의 길로 나아갔습니다.

괴로워할지언정
주님께 회개치 못하고
무거운 마음의 짐을 내려놓지 못했습니다.

주님, 이 시간 부끄러운 제 모습도 생각해 봅니다.

여전히 주님께 내려놓지 못한 죄 짐이 있다면
주님께 내려놓게 하여 주옵소서.

모든 약한 것을 주님 앞에 내려놓습니다.
저희를 용서하시고 주님의 사랑을 품게 하소서.

모든 것을 주 앞에 내려놓고
깃털처럼 가벼운 마음으로
주를 섬기게 하여 주옵소서.

《 Story for prayer 》

신앙의 경쟁력

중국의 안휘성의 황산에는 1860m의 고지가 있는데, 산 밑의 날씨가 섭씨 40도가 넘어도 이 고지에서는 방한복을 입지 않으면 안될 만큼 춥다고 합니다. 그렇다면 이런 황산이 왜 유명할까요? 이런 추운 곳에서 자라는 소나무, 기암절벽의 바위들은 온갖 절경을 만들어 내고 변화가 심한 기상상태에서 만들어지는 나무들이 최고의 풍경을 만들어 내기 때문입니다. 골이 깊을수록 산은 높고 명산이 됩니다. 이와 같이 고통 중에 끝까지 하나님을 바라보는 사람은 아름다운 명작품이 됩니다.

이 지구상에 전기가 없이 살아가는 사람이 20억 명, 수돗물이 없이 사는 사람이 10억 명, 우리 돈으로 1000원을 가지고 1일을 사는 사람이 12억 명, 노숙자가 1억 명, 영양실조에 걸린 사람이 8억 명, 5세 미만의 어린이가 매년 4만 명이 죽습니다. 양은 양을 낳고 소는 소를 낳고 불평은 불평을 낳고 원망은 원망을 낳습니다. 조그만 일에도 "주여, 감사합니다." 하면 감사할 일이 자꾸 생겨납니다.

우리는 신앙에 있어서 어떤 경쟁력을 가지고 있어야 할까요? 감사 경쟁력을 가지고 있는 사람이 승리합니다. 가정이, 교회가 감사경쟁력으로 버틴다면, 그 가정과 교회는 행복한 것입니다.

오늘 주신 말씀, 마음속에 새기며 정성껏 필사해 봅시다

이르되 내가 무죄한 피를 팔고 죄를 범하였도다 하니 그들이 이르되 그것이 우리에게 무슨 상관이냐 네가 당하라 하거늘 유다가 은을 성소에 던져 넣고 물러가서 스스로 목매어 죽은지라 (마27:4~5).

(기록하기)

14. 늘 주님과 함께
     영광의 길 걷게 하소서

Power of words

그들이 거기서 예수를 십자가에 못 박을새 다른 두 사람도 그와 함께 좌우편에 못 박으니 예수는 가운데 있더라 빌라도가 패를 써서 십자가 위에 붙이니 나사렛 예수 유대인의 왕이라 기록되었더라(요19:18~19).

당신은 영광의 왕이요, 평화의 왕이십니다.

걸어가신 그 십자가의 길이
얼마나 아프고 힘들었을지
우리는 감히 상상조차 하지 못합니다.

예수님께서 잡히신 후 주님의 제자들과
주님을 쫓았던 많은 사람들은
다 주님을 버리고 제 살길 찾아 가버렸습니다.

그 마음의 상처와 아픔의 무게를
우리는 감히 상상조차 하지 못합니다.
그럼에도 주님은
묵묵히 그 부끄럽고 추악한 십자가를
지고 가셨습니다.

빌라도가 패를 써서 십자가위에 붙인
'나사렛 예수 유대인의 왕'이 아니라
당신은 진정 만왕의 왕 되시고
영광과 평화의 왕이 되시며
온 우주의 지배자 되십니다.

주님의 십자가의 피의 공로를 힘입어
우리는 고난의 십자가의 길이 아닌
주님과 함께하는 영광의 길을 걷게 되었습니다.

주님 감사합니다.
주님 사랑합니다.
늘 주님과 함께 영광의 길 걷게 하소서.

◀ Story for prayer ▶

공의와 사랑

어떤 사람이 죄를 지게 되었습니다. 그는 법정에서 재판을 받게 되었습니다. 그런데 판사는 죄인인 그 사람을 보고 깜짝 놀랐습니다. 그 죄인은 바로 판사의 절친한 친구였기 때문이었습니다. 드디어 판사의 선언만 남은 상황이었습니다. 재판을 지켜보는 사람들은 친구인 판사가 어떻게 판결을 내릴지 무척 궁금해 했습니다. 하지만 판사는 예외없이 죄인인 친구에게 과중한 벌금형을 내렸습니다. 벌금을 내지 못하면 감옥에 갈 수밖에 없는 상황이었습니다. 법정의 사람들은 판사의 선고에 대해 "친구가 어떻게 저런 판결을 내릴 수가 있지?"하며 놀랐습니다.

그러나 잠시 후 정의의 법정에서 볼 수 없는 일이 생겼습니다. 이 판사가 자기 자리에서 내려와서 법복을 벗고, 죄수가 서 있는 곳으로 가서 말했습니다.

"법은 어쩔수 없지만 너는 나의 가장 친한 친구이니 그 부과된 벌금은 내가 대신 물어주겠네."

이와 마찬가지로 하나님은 우리 죄가 중하여 사형의 판결을 내리셨지만, 죽이시지 않으셨습니다. 바로 독생자 예수님이 우리 대신 죽으심으로 우리는 죽지 않고 거듭나게 되었습니다. 이는 하나님의 공의와 사랑의 좋은 예 일 것입니다.

오늘 주신 말씀, 마음속에 새기며 정성껏 필사해 봅시다

그들이 거기서 예수를 십자가에 못 박을새 다른 두 사람도 그와 함께 좌우편에 못 박으니 예수는 가운데 있더라 빌라도가 패를 써서 십자가 위에 붙이니 나사렛 예수 유대인의 왕이라 기록되었더라(요 19:18~19).

❰ 기록하기 ❱

15. 모든 것을 다 이루신 주님

Power of words

예수께서 신 포도주를 받으신 후에 이르시되 다 이루었다 하시고 머리를 숙이니 영혼이 떠나가시니라 (요19:30).

십자가에서 모든 것을 다 이루신 예수님

주님을 떠올릴 때면
마음이 찢어질 듯 아파오고
하염없이 눈물만 흐릅니다.

십자가의 모진 고통으로
머리와 손과 발 어느 한곳
성한 곳이 없으셨고
고통 중에도 조롱과 핍박의 소리를
들으셔야 했지만
주님은 십자가 위에서 모든 것을 다 이루셨습니다.

십자가에 고난을 당하시고 피 흘려 죽으심으로
우리의 죄악이 심판 받고
우리의 영혼이 다시 살아나는
기적의 순간이 되었습니다.

십자가에 고난을 당하시고
피 흘려 죽으심으로
우리는 구원 받았고
믿음으로 주의 자녀가 되었으니
그런 주님께 감사하며 늘 찬양하게 하소서.

주님과 함께 가는 길이
험한 가시밭 길이라 해도
주님을 떠올리며 기쁨으로 걷게 하소서.

주님께 모든 영광을 드립니다. 아멘!

《 Story for prayer 》

영혼의 파이프가 잘 연결되었나?

미국의 한 신문사가 어떤 병원의 소방시설에 문제점이 있는 것을 발견하고 신문에 그 기사를 실었습니다.

35년간이나 화재로부터 안전하였던 그 병원의 소방시설이 도시의 주요 수도시설과 연결되어 있지 않았다는 것입니다.

그 병원의 소방시설의 수도 파이프가 지하로 4피트 정도 뻗어 나가더니 거기서 끊겼습니다. 이 사실이 세상에 알려지자 병원 측에서는 곧바로 예산을 세워서 시의 수도 파이프에 병원의 소방파이프를 연결하는 작업을 시작하였습니다.

이 기사를 보고서 매우 불안해 한 사람들은 병원에 입원해 있던 환자들이나 수도 파이프를 연결하던 일꾼들도 아니었고 교회에 다니는 사람들이었다고 합니다.

그들은 신앙의 생명수의 물줄기까지 자신들의 영혼의 파이프가 잘 연결되어 있는지 아니면 중간에 끊겨 있지는 않은지 불안해하였습니다.

그러나 오직 우리의 생명수는 그리스도이며 그리스도 안에 있을 때 안전하며, 그리스도 안에 생명이 있는 것을 믿을 때 우리는 영원히 안전할 것입니다.

오늘 주신 말씀, 마음속에 새기며 정성껏 필사해 봅시다

예수께서 신 포도주를 받으신 후에 이르시되 다 이루었다 하시고 머리를 숙이니 영혼이 떠나가시니라 (요19:30).

〖 기록하기 〗

16. 그 사랑에서
떠나지 않게 하여주소서

Power of words

예수께서 다시 크게 소리 지르시고 영혼이 떠나시니라 이에 성소 휘장이 위로부터 아래까지 찢어져 둘이 되고 땅이 진동하며 바위가 터지고 무덤들이 열리며 자던 성도의 몸이 많이 일어나되(마27:50~52).

모든 것을 다 이루신 예수님

예수님의 죽으심에 성소휘장이
위로부터 아래까지 찢기고
땅이 진동하며 바위가 터지고
무덤들이 열렸습니다.

하늘도 땅도 온 우주 만물도
당신의 죽으심에 반응하였습니다.

주님의 희생이 얼마나 값지고
얼마나 고귀한지 헤아릴 수 없지만

그런 희생으로 인해 우리는 평화를 누리고
하나님께 나아갈 담력을 주셨음을 믿고
감사를 올려드립니다.

값없이 받은 그 사랑을 무엇으로
보답할 수 있겠습니까?
진정 값으로 표현할 수 없는 사랑입니다.

주님, 그 사랑을 보여주시고
그 사랑을 누리게 하시니 감사합니다.

주님, 그 사랑을 잊지 않게 하시고
그 사랑에서 떠나지 않게 하여주소서.

〖 Story for prayer 〗

세콰이어 나무

세콰이어라는 나무가 있습니다. 이 나무는 보통 100m이상 자란다고 합니다. 100미터를 지탱하려면 얼마나 뿌리가 깊어야 할까요? 그런데 놀라운 것은 그렇게 크게 자라는 나무인데 그 나무의 뿌리는 그리 깊지 않게 얕게 박혀있다고 합니다. 그런데 놀라운 것은 세찬 비바람과 폭풍이 몰아쳐도 그 나무는 쉽게 쓰러지지 않는다고 합니다.

왜 그럴까요? 이 나무는 뿌리가 얕게 박혀 있지만 군집을 이루어 서식하면서 나무와 나무간의 뿌리가 서로 엉켜 있어서 어떤 바람이 불어도 넘어지지 않고 서로를 지탱케 해주고 버텨준다고 합니다.
우리가 사회생활하는 것도, 신앙생활하는 것도 이런 세콰이어 나무처럼 연합할 때 발전하고 성장하는 것이겠지요.
 성경 에베소서 4장 16절 말씀에 "그에게서 온 몸이 각 마디를 통하여 도움을 받음으로 연결되고 결합되어 각 지체의 분량대로 역사하여 그 몸을 자라게 하며 사랑 안에서 스스로 세우느니라"(엡4:16). 기록하고 있습니다.
하나의 결이 되어 함께 조화를 이루며 사는 것.
서로 도움 받고, 연결되고 결합되어 자기 분량을 감당하며 그런 어울림속에 성장해나가는 것.
이것이 하나님께서 원하시는 그런 삶의 모습이 아닐까요?

오늘 주신 말씀, 마음속에 새기며 정성껏 필사해 봅시다

예수께서 다시 크게 소리 지르시고 영혼이 떠나시니라 이에 성소 휘장이 위로부터 아래까지 찢어져 둘이 되고 땅이 진동하며 바위가 터지고 무덤들이 열리며 자던 성도의 몸이 많이 일어나되(마27:50~52).

《 기록하기 》

17. 흠모할 아무 모양도 없지만

Power of words

우리가 전한 것을 누가 믿었느냐 여호와의 팔이 누구에게 나타났느냐 그는 주 앞에서 자라나기를 연한 순 같고 마른 땅에서 나온 뿌리 같아서 고운 모양도 없고 풍채도 없은즉 우리가 보기에 흠모할 만한 아름다운 것이 없도다 (사53:1~2).

메마른 땅에 생기를 주시는 예수님
고운 모양도 풍채도 없어
흠모할 만한 아름다운 것이 없어도
그 안에 놀라운 사랑이 숨겨져 있습니다.

사람들은 내게 유익이 되고
채워지지 않는 마음에 만족을 얻으려
마음속 욕망의 그늘에서 벗어나지 못하며
본능적인 쾌락의 삶을 쫓기도 합니다.

낮아지고 겸손하며 섬기는 마음이 아니라
더 높이 오르고 더 멀리 날아 가려고만 합니다.

예수님은 낮고 천한 모습으로 오셔서
소외된 자들과 슬프고 아픈 자들에게
힘과 위로와 소망이 되어 주셨습니다.

주님, 주님의 그 사랑을 기억하게 하옵소서.

은혜와 사랑이 충만하신 예수님을 떠올리게 하소서.
그 안의 진리를 찾아 깨닫는 자가 되게 하소서.

우리는 마른 땅에서 나온 뿌리같이 연약하지만
굳건하고 생명력 있는 주님을 늘 바라보며
하루하루 아름다운 삶 채워가게 하소서.

《 Story for prayer 》

세 가지 환란

성경은 이 세상에서 우리가 당하는 환난의 종류를 세 가지로 얘기하고 있습니다.

하나는 우리가 죄악 세상에 살기 때문에 세상이 대적하는 하나님의 자녀로서 당하는 시련입니다(롬8:35, 36).

또 하나는 우리가 겸손히 주님만을 바라보도록 하기 위해 특별히 주시는 고통입니다(고후12:7). 그리고 성도의 성장을 위해 하나님으로부터 직접 오는 시험입니다.

열심히 봉사하며 신앙생활할 때는 '좀 쉬면서 하지' 하는 달콤한 유혹이 올 수 있습니다.

모든 일이 잘되고 평안할 때는 "네가 열심히 노력해서 번 돈을 그만큼이나 갖다 바쳐? 하나님이 언제 도와주었니?"하는 솔깃한 유혹이 우리에게 다가올 수 있습니다.

그런가 하면 때로는 회오리바람이 몰아치듯 거세게 우리 인생에 어려움과 낙심을 휘몰아오기도 합니다.

그러나 속지 맙시다. 믿음에 굳게 서서 담대합시다.

사탄과의 싸움은 이미 예수님께서 사탄의 주력부대와 핵심 진지를 손에 넣어 이기신 싸움입니다.

이긴 경기를 녹화했다가 다시 보면 아무리 우리 팀이 밀리는 상황일지라도 초조함 없이 안심하고 구경할 수 있습니다. 결과를 알기 때문입니다.

주님이 이긴 싸움인데 두려워할 이유가 없지 않습니까?

오늘 주신 말씀, 마음속에 새기며 정성껏 필사해 봅시다

우리가 전한 것을 누가 믿었느냐 여호와의 팔이 누구에게 나타났느냐 그는 주 앞에서 자라나기를 연한 순 같고 마른 땅에서 나온 뿌리 같아서 고운 모양도 없고 풍채도 없은즉 우리가 보기에 흠모할 만한 아름다운 것이 없도다 (사53:1~2).

◀ 기록하기 ▶

18. 어린 양으로 오신 주님

Power of words

그는 멸시를 받아 사람들에게 버림 받았으며 간고를 많이 겪었으며 질고를 아는 자라 마치 사람들이 그에게서 얼굴을 가리는 것 같이 멸시를 당하였고 우리도 그를 귀히 여기지 아니하였도다 (사53:3).

간고를 많이 겪으시고
우리의 질고를 잘 아시는 주님

사람의 고달픔이 어디서 오는지
가난과 고통이 어디서 오는지 주님은 잘 아셨습니다.

주님께서 사랑으로 베푸신 기적을 쫓아
많은 사람들이 주님을 따랐지만
나약한 죄인의 모습이 되자
주님을 쫓았던 많은 사람들은
하나 둘 떠나갔습니다.

가난과 고통에서 벗어나고자 따랐던 많은 사람은
기적이 사라진 것 같은 예수님을 버리고

오히려 성난 군중이 되어
돌을 던지는 폭도가 되어
당신을 비방하고 조롱하며
고통을 주는자로 돌변해 버렸습니다.

하지만 주님은
마지막까지 저들의 죄를 용서해달라 기도하셨습니다.

우리를 구원하시기 위해 오신 어린양 예수여
우리의 생각과 기준으로 주님을 판단치 않게 하옵소서.

더욱 귀한 주님
더욱 귀한 나의 주님으로
자리잡아 주소서.

◀ Story for prayer ▶

하나님의 손

도스토예프스키를 위대하게 만든 것은 간질병과 '사형수'의 고통이었습니다. 로트레크를 위대하게 만든 것은 경멸 덩어리로 만들었던 '난장'이라는 고통이었습니다. 생텍쥐페리를 위대하게 만든 것도 '대기 발령자'로 평가 절하된 고통이었습니다.
베토벤을 위대하게 만든 것도 끊임없는 여인들과의 실연과 '청신경 마비'라는 음악가 최대의 고통이었습니다.

고통은 불행이나 불운이 결코 아닙니다.
고통이란 도리어 행복과 은총을 위한 가장 아름다운 번제물인 것입니다.
당신이 지금 지나치게 행복하다면 그것은 곧 불행입니다.
당신이 지금 지나치게 불행하다면 그것은 곧 행복입니다.
인간은 고통을 통해 비로소 자아를 불사를 용광로 속에 들어갈 자격을 얻게 됩니다.

용광로 속에서 하나님의 손에 의해 아름다운 은으로 새롭게 빚어지는 것입니다.

오늘 주신 말씀, 마음속에 새기며 정성껏 필사해 봅시다

그는 멸시를 받아 사람들에게 버림 받았으며 간고를 많이 겪었으며 질고를 아는 자라 마치 사람들이 그에게서 얼굴을 가리는 것 같이 멸시를 당하였고 우리도 그를 귀히 여기지 아니하였도다 (사53:3).

《 기록하기 》

19. 나 대신 고난 받으신 주님

Power of words

그는 실로 우리의 질고를 지고 우리의 슬픔을 당하였거늘 우리는 생각하기를 그는 징벌을 받아 하나님께 맞으며 고난을 당한다 하였노라 그가 찔림은 우리의 허물 때문이요 그가 상함은 우리의 죄악 때문이라 그가 징계를 받으므로 우리는 평화를 누리고 그가 채찍에 맞으므로 우리는 나음을 받았도다 (사53:4~5).

주님이 찔리심은 우리의 허물 때문이고
주님이 상함은 우리의 죄악 때문입니다.

주님이 징계를 받음으로
우리는 평화를 누리게 되었고
주님이 채찍에 맞음으로
우리는 나음을 받게 되었습니다.

나 대신 고난 받으신 주님
우리는 주님의 그 사랑의 깊이를 알지못하고

그저 내 생각과 내 입장에서
주님을 바라보게 됩니다.
내가 그어놓은 잣대와 기준으로
주님을 평가합니다.

우리위해 죽으신 주님
우리 때문에 채찍에 맞으시고 고통 당하신 주님

찔리고 상처를 받으시며
그 고통의 십자가지를 지심은
하나님을 외면하고 무시한
우리 죄악 때문이었습니다.

누가 주님을 십자가에 못 박았는지
정확하게 바라보게 하옵소서.

누구의 죄로 인해 주님을 죽게 했는지 알게 하옵소서.

◀ Story for prayer ▶

근심 가운데의 기쁨

암석이 풍화작용으로 부서진 것이 흙이고 이 가운데 미립자가 비교적 균일하게 뭉쳐진 것이 점토입니다.

점토를 이겨 모양을 만들어 말린 다음 불에 구워내면 토기가 됩니다. 점토에 규사를 약간 섞어 1200도 안팎의 고온에 구워낸 것이 토기입니다. 일반 점토보다 양질의 점토를 1200도의 고온에 구운 다음 유약을 발라 900도에 한 번 더 구운 것이 도기이고, 타일도 도기류에 속합니다.

또 도기의 원료보다 점토가 적은 고품질의 점토를 90도 온도로 초벌구이 한 다음 유약을 발라 1200~1400도의 고온으로 한 번 더 구워내면 자기가 됩니다.

모두 흙으로 빚는 토기, 도기, 자기의 차이점은 흙의 품질과 구워내는 방법, 온도에 따라 달라지는 것입니다.

하나님께서는 우리의 인생을 고귀한 자기로 만드시기 위해 때로는 불의 시련을 허락하십니다.

복잡한 일, 힘든 일을 만날수록 우리의 삶을 자기처럼 만드시는 하나님께 감사하는 믿음이 있어야 하겠습니다.

하나님을 무시하고 세상을 따라 갈 때 인생의 위기는 아무도 책임을 져줄 자가 없습니다.

우리는 전능하신 하나님만을 의지하며 살아가야 할 것입니다.

오늘 주신 말씀, 마음속에 새기며 정성껏 필사해 봅시다

그는 실로 우리의 질고를 지고 우리의 슬픔을 당하였거늘 우리는 생각하기를 그는 징벌을 받아 하나님께 맞으며 고난을 당한다 하였노라 그가 찔림은 우리의 허물 때문이요 그가 상함은 우리의 죄악 때문이라 그가 징계를 받으므로 우리는 평화를 누리고 그가 채찍에 맞으므로 우리는 나음을 받았도다 (사53:4~5).

《 기록하기 》

20. 각기 제 길로 갔거늘

Power of words

우리는 다 양 같아서 그릇 행하여 각기 제 길로 갔거늘 여호와께서는 우리 모두의 죄악을 그에게 담당시키셨도다 (사53:6).

우리의 죄를 담당하시는 주님
진리의 길을 벗어나
온갖 죄악의 길로 걸어왔던
우매한 우리의 모습을 돌아보게 하소서.

우리는 다 양 같아서
우리가 원하고 바라고 믿는 것만 좇아
각기 제 길로 갔습니다.

하지만 주님 붙잡아 주소서.
다시금 돌이켜 주님가신 그 길을 걷게 하소서.

사람의 생각은 간교하여
넓고 편한 길로만 걸어가고
자신이 유익하다고 생각하는 방향으로만
갈 길을 정하여 갑니다.

하지만 주님 깨닫게 하소서.

십자가의 길이 어렵고 협착한 좁은 길이여도
그 길의 오직 한길이며
그 길만이 영광의 길이라는 사실을 알게 하소서.

주님을 사랑하는 마음이 타오르게 하시고

늘 말씀으로 당신과 교제하며
주께서 주신 지혜로 모든 진리의 길을
알게 하시고 깨닫게 하옵소서.

◀ Story for prayer ▶

짐을 지자

루즈벨트 대통령(Theodore Roosevelt, 1858-1919, 미국26대)은 근시였기에 항상 두개의 안경을 가지고 다녔습니다. 그런데 선거운동 중 슈렌크(Schrenk)라는 악한 자가 쏜 총에 맞고 쓰러졌습니다. 병원에서 루즈벨트의 가슴을 보니 멀쩡했습니다. 다만 가슴의 안주머니 안경집이 산산조각이 나있었습니다. 그 안경집이 총알각도를 꺾어서 생명의 위기를 모면했습니다. 그는 이렇게 말했습니다.
"무거운 안경집이 항상 귀찮은 짐인 줄 알았는데 나의 생명을 구했습니다."
선교사 한 분이 아프리카에 선교를 갔습니다. 원주민들과 함께 강을 건너게 되었는데 원주민이 큰 돌을 선교사 가슴에 안겨주었습니다. 자신들은 큰 돌을 머리에 이거나 가슴에 안고 강을 건넜습니다. 선교사는 그 이유를 강의 중간쯤 왔을 때 알았습니다. 중간쯤에 급류가 흐르고 있었는데 만약 무거운 돌이 없었다면 급류에 휩쓸릴 수밖에 없었습니다.
하나님은 때로 우리에게 무거운 짐을 지고 침체의 강을 건너게 하십니다. 하나님이 우리에게 어깨를 주신 것은 짐을 질 수 있게 만들어 주신 것입니다. 인생은 짐을 지고 가는 동안 참 인생다워지는 것입니다.

오늘 주신 말씀, 마음속에 새기며 정성껏 필사해 봅시다

우리는 다 양 같아서 그릇 행하여 각기 제 길로 갔거늘 여호와께서는 우리 모두의 죄악을 그에게 담당시키셨도다 (사53:6).

〖 기록하기 〗

21. 도수장으로 끌려가는 어린양처럼

Power of words
그가 곤욕을 당하여 괴로울 때에도 그의 입을 열지 아니하였음이여 마치 도수장으로 끌려 가는 어린 양과 털 깎는 자 앞에서 잠잠한 양 같이 그의 입을 열지 아니하였도다 그는 곤욕과 심문을 당하고 끌려 갔으나 그 세대 중에 누가 생각하기를 그가 살아 있는 자들의 땅에서 끊어짐은 마땅히 형벌 받을 내 백성의 허물 때문이라 하였으리요 (사53:7~8).

순한 양같이 잠잠히 계셨던 예수님
변론해야 할 자리에서조차
주님은 너무도 잠잠하셨습니다.

십자가에 달아 죽이기로 작정한 자들의
모진 욕설과 조롱 속에서도
묵묵히 십자가 지고 골고다로 오르셨습니다.

조롱하던 많은 사람들은
"예수가 살아 있는 자들의 땅에서 끊어짐이 마땅하다"

여겼지만
그것은 마땅히 형벌 받을 우리 때문이었습니다.

저들은 주님의 뜻이 무엇인지 알지 못했습니다.
저들은 진리의 길이 무엇인지 알지 못했습니다.

그저 예수님을 십자가에 못 박기만을 원했습니다.
우리도 그들 중 한명이었습니다.

하지만 이제 깨닫게 하셔서
진리의 길로 가게 하심에 감사를 드립니다.

이젠 죄악의 길을 벗어나
십자가의 좁은 길로 걷게하소서.

말씀을통해 하나님을 아는 지식을 더하시고
하나님의 지혜로 모든것을 분별하게 하소서.

《 Story for prayer 》

옥도 갈지 않으면 명품이 될 수 없다

가난하고 불행한 한 소년이 있었습니다.

그는 일찍 아버지를 잃었습니다. 남은 가족은 정신질환을 앓고 있는 어머니와 포도주 통을 수리하는 장애인 삼촌뿐이었습니다. 소년은 극심한 영양실조로 폐결핵을 얻어 정상적인 생활이 불가능했습니다. 그러나 소년은 성실성과 열정을 소유하고 있었습니다.

초등학교 담임인 루이 제르맹은 이 소년의 천재적인 문학성을 발견하고 끊임없이 격려를 해주었습니다.

그는 가난과 질병을 문학을 향한 열정으로 극복했습니다. 삶의 아픈 상처를 작품으로 승화시켜 많은 명작을 남겼고 44세에 노벨문학상을 받았습니다.

이 사람의 이름은 프랑스 최고의 작가인 알베르 카뮈입니다.

노련한 어부는 풍랑이 일 때 실력을 발휘합니다. 장수가 명예를 얻는 곳은 전쟁터입니다. 인간은 시련을 통해 연단됩니다. 그리고 그 고난 뒤에는 하나님의 선물이 준비되어 있습니다.

오늘 주신 말씀, 마음속에 새기며 정성껏 필사해 봅시다

그가 곤욕을 당하여 괴로울 때에도 그의 입을 열지 아니하였음이여 마치 도수장으로 끌려 가는 어린 양과 털 깎는 자 앞에서 잠잠한 양 같이 그의 입을 열지 아니하였도다 그는 곤욕과 심문을 당하고 끌려 갔으나 그 세대 중에 누가 생각하기를 그가 살아 있는 자들의 땅에서 끊어짐은 마땅히 형벌 받을 내 백성의 허물 때문이라 하였으리요 (사53:7~8).

《 기록하기 》

22. 높은 뜻을 향해 나아가는 자가되게 하소서

Power of words

그는 강포를 행하지 아니하였고 그의 입에 거짓이 없었으나 그의 무덤이 악인들과 함께 있었으며 그가 죽은 후에 부자와 함께 있었도다 (사53:9).

거짓이 없으신 예수님
힘으로도 제압하지 않으시고
거짓으로 당신을 포장하지도 않으셨습니다.

사람들은 예수님을 악인들과 함께
십자가에 매달았습니다.
주님이 어떤 분이신지 몰랐기 때문이었습니다.

주님, 저희가 주님을 몰라서
믿지 못하는 자가 되지 않게 하옵시고

주님의 뜻과 의를 알아서
바로 행하는 자가 되게 하옵소서.

삼일간의 무덤에 갇혀 계신 예수님
주님의 죽으심이
우리를 살게하신다는 사실을 믿사오니

늘 주님의 고난에 동참함으로
새로운 소망을 갖게 하시고
이 믿음 변치않게 하소서.

우리 입술도 거짓과 겉모습으로
말하지 않게 하시고
오직 진리만을 말하게 하옵소서.

높은 뜻을 향해 나아가는 자가 되게 하옵소서.

◀ Story for prayer ▶

하나님의 사람

하나님의 사람은 어디서 만들어집니까? 광야에서 만들어집니다. 하나님이 쓰신 인물들은 모두 광야학교에서 만들어졌습니다. 왜 하나님께서 자기 사람들을 광야로 보내십니까? 하나님이 쓰시기에 합당한 그릇들로 만들기 위해서입니다. 광야에서 배우는 것은 지식이나 정보가 아닙니다.

기술이나 방법을 배우는 것도 아닙니다. 광야에서 대화의 기술이나 단시간 내에 크게 성공할 수 있는 비결을 배우는 것도 아닙니다. 사람들의 인기를 독점하고, 경쟁에서 이기는 비법을 터득하는 것도 아닙니다.

화려한 궁중에서 모세는 지력, 체력, 그리고 세상에서 승리할 수 있는 기술을 익혔습니다. 그러나 성품을 변화시키지는 못했습니다. 궁중 교육이 모세에게 지식과 정보는 제공해 주었지만, 인격을 변화시키지는 못했습니다. 하나님은 광야에서 모세의 성품을 변화시켰습니다. 원망과 불평으로 가득 찬 이스라엘 백성을 온유함으로 품을 수 있는 성품은 광야에서 만들어졌습니다. 광야는 하나님의 사람이 변화되는 곳입니다.

육의 사람이 영의 사람이 되는 곳입니다. 광야는 육신을 의지했던 사람이 하나님을 의지하는 사람으로 변화되는 곳입니다. 하나님의 사람은 광야에서 만들어집니다.

오늘 주신 말씀, 마음속에 새기며 정성껏 필사해 봅시다

그는 강포를 행하지 아니하였고 그의 입에 거짓이 없었으나 그의 무덤이 악인들과 함께 있었으며 그가 죽은 후에 부자와 함께 있었도다 (사 53:9).

◀ 기록하기 ▶

23. 하나님의 뜻을 성취하신 예수님

Power of words

여호와께서 그에게 상함을 받게 하시기를 원하사 질고를 당하게 하셨은즉 그의 영혼을 속건제물로 드리기에 이르면 그가 씨를 보게 되며 그의 날은 길 것이요 또 그의 손으로 여호와께서 기뻐하시는 뜻을 성취하리로다 (사53:10).

하나님의 뜻을 성취하신 예수님
그 상함까지도 하나님이
허락하신 것임을 생각합니다.

주님의 영혼을 속건 제물로 드리시며
완전한 죽음을 이루셨고
이제 그 죽음의 터널을 지나
부활의 기적을 이루신 예수님

그런 능력의 예수님을 찬양합니다.

죄로 가로막힌
하나님과 우리의 담을 완전히 허시고
영생의 소망을 주신 예수님

주님의 그 큰 희생에
감사와 찬송을 올려드립니다.

우리를 자녀 삼으시고
하늘나라 영광의 길에 동참케 하시며,
주님이 기뻐하시는 뜻을
바라보게 하십니다.

주님의 높은 뜻을
다 헤아릴 수는 없지만

주님의 사랑에 감사하며
이 좁은 십자가의 길 걷게 하소서.

◀ Story for prayer ▶

고난에서 승리하자

고난은 우리가 가지고 있는 활력과 덕과 신앙을 시험하는 하나님의 사자입니다. 루터는 말하기를 그가 고난을 당하기까지 도무지 이해할 수 없는 시련들이 많이 있었다고 합니다.

고난은 우리가 가지고 있는 활력을, 그리고 우리가 가지고 있는 덕을 시험합니다. 스물여덟 살의 한 청년이 사형대에 묶여 있습니다. 영하 50도의 추위가 청년의 살을 바늘처럼 찔러댔습니다. 이제 청년에게 주어진 인생시간은 단 5분, 청년은 가족과 친구를 생각하는데 3분을 사용했습니다. 그는 28년의 삶에 대한 후회의 눈물을 흘렸습니다.

"만약 내게 다시 한 번 생명이 주어진다면 정말 보람 있게 살 텐데……. 내 인생이 이렇게 끝나다니……."

그때 멀리서 한 병사가 황제의 특사명령을 갖고 달려왔습니다.

"황제께서 사형집행을 중지하라는 특명을 내렸소."

청년은 극적으로 사형을 면했습니다. 그때부터 하나님과 인간의 영혼에 대해 관심을 갖고 이렇게 고백했습니다.

"나는 예수 그리스도가 없는 인간의 삶을 상상할 수조차 없다. 아무리 훌륭한 진리와 부귀가 있더라도 그것이 신앙에 위배되면 나는 그리스도의 편에 설 것이다"

이 청년이 러시아의 대문호인 도스토예프스키입니다.

오늘 주신 말씀, 마음속에 새기며 정성껏 필사해 봅시다

여호와께서 그에게 상함을 받게 하시기를 원하사 질고를 당하게 하셨은즉 그의 영혼을 속건제물로 드리기에 이르면 그가 씨를 보게 되며 그의 날은 길 것이요 또 그의 손으로 여호와께서 기뻐하시는 뜻을 성취하리로다 (사53:10).

【 기록하기 】

24. 이 믿음 변치않게 하소서

Power of words

그가 자기 영혼의 수고한 것을 보고 만족하게 여길 것이라 나의 의로운 종이 자기 지식으로 많은 사람을 의롭게 하며 또 그들의 죄악을 친히 담당하리로다 (사53:11).

우리의 죄악을 친히 담당하신 예수님
당신의 놀라운 희생으로
우리의 무거운 죄짐을 벗게 되었고
의로울 수 없는 우리가 의롭게 되었습니다.

예수님의 놀라운 희생이
우리를 의의 자녀로 부르심을
입게 하셨습니다.

예수님의 영혼의 수고로움이
우리의 만족이 되었고
소망과 영광이 되었습니다.

우리가 세상 가운데 살아가고 있습니다.

하나님께 나아갈 길을 열어주신 예수님
이제는 그말씀 따라 살아가겠노라 다짐하지만
여전히 우리는
악한 생각과 이기적 탐욕으로 살아온 적이 많았고
흐르는 눈물이 마를 날없는 삶아왔음을 고백합니다.

사랑의 예수님
세상의 죄악의 끈을 놓게 하시고
주께서 주신 이 소망의 끈을 놓지 않게 하소서.

주님, 이 믿음 변치 않게 하시고
항상 주님과 동행하며 그 좁은 길 걷게 하소서.

(Story for prayer)

번민을 벗는 방법

코넬 의과대학의 럿셀 세실 교수는 사람들이 고민하는 원인을 네 가지로 요약했습니다.
첫째는 결혼의 실패, 둘째는 경제적 재난, 셋째는 고독과 고뇌, 넷째는 한 맺힌 충격이라고 말했습니다. 이것 때문에 사람들이 여러 가지 병을 유발시킨다고 했습니다. 사실 요즘은 만 가지 병이 스트레스로 생긴다고 합니다.
미국의 치과대학회의 보고에 의하면 번민, 공포, 히스테리 등에서 오는 감정 때문에 칼슘의 밸런스를 잃게 돼 충치의 원인이 되고 심지어 여성들은 무서운 갑상선으로 이어질 수 있다고 경고했습니다. 즉 사람들이 공포에 떨며 고민하다가 신체를 조절하는 갑상선 호르몬이 균형을 잃음으로 다른 병을 발생시키는 합병증이 생긴다는 것입니다. 번민은 사람들의 마음을 어지럽히고 약하게 하며 병을 일으킵니다. 누구든지 심각하고 어려운 고민은 사실상 자기 자신에 대한 고민입니다.
우리는 인간이 하는 그 고민 자체를 잘못된 것으로 볼 수는 없습니다. 인간이 고민하는 삶은 지극히 정상적인 삶인 것입니다.
다만 그 인간이 어떠한 고민을 하고 있느냐 하는 문제입니다. 모든 인간은 그가 고민하고 있는 문제의 성격(性格)과 그 고민의 깊이에 따라서 그 인간의 인격이 저울질되는 것입니다.

오늘 주신 말씀, 마음속에 새기며 정성껏 필사해 봅시다

그가 자기 영혼의 수고한 것을 보고 만족하게 여길 것이라 나의 의로운 종이 자기 지식으로 많은 사람을 의롭게 하며 또 그들의 죄악을 친히 담당하리로다 (사53:11).

〔 기록하기 〕

25. 그 큰 사랑을 늘 기억하게 하소서

Power of words

그러므로 내가 그에게 존귀한 자와 함께 몫을 받게 하며 강한 자와 함께 탈취한 것을 나누게 하리니 이는 그가 자기 영혼을 버려 사망에 이르게 하며 범죄자 중 하나로 헤아림을 받았음이니라 그러나 그가 많은 사람의 죄를 담당하며 범죄자를 위하여 기도하였느니라 (사53:12).

우리를 위해 늘 기도하시는 예수님

당신의 영혼을 버려 사망에 이르게 하시고
죄인의 헤아림을 받으셨지만
그럼에도 많은 사람들의 죄를 담당하시며
죄 많은 우리를 위해 늘 기도하셨습니다.

날 위한 그 희생과 사랑에 감사를 드립니다.
그 큰 사랑을 늘 기억하게 하소서.

하지만, 그런 주님의 은혜를 알고 감사하면서도
때로는 주님의 뜻을 잊고 내 고집대로
내 유익만을 구하며 살아갈 때가 많았습니다.

 그럴때마다
저를 대신해 주님이 아파하셨습니다.

주님, 이런 나약한 우리 심성을 강하게 하셔서
어떠한 세상 유혹과 시험이 온다해도
주가 주신 믿음으로 승리하게 하소서.

대속으로 얻은
이 놀라운 구원의 역사를 기억케 하시고

우리 마음이
늘 주님께 향하는 삶이 되도록 이끌어주소서.

◀ Story for prayer ▶

시련은 이길 수 있다

어떤 트럭 운전기사가 한 번도 가본 적이 없는 깊은 산길을 달리게 되었습니다. 산길은 매우 험하고 꼬불꼬불 했습니다. 그는 정신을 바짝 차리고 천천히 산기슭의 가파른 길을 내려오고 있었습니다. 그러다가 극히 좁은 길목에 이르게 되었습니다. 밑은 천길 낭떠러지였습니다. 그는 소름이 끼칠 정도로 긴장했고, 순간 그의 눈앞에 큼지막한 표지판이 세워져 있는 것이 보였습니다.
"당신도 이 길을 안전하게 지나갈 수 있습니다. 이미 수많은 기사들이 이곳을 안전하게 통과해 갔습니다."
그는 그 말에 안도감을 얻고서 다시 침착하게 운전했습니다. 결국 그는 그 좁은 길을 무사히 빠져 나와 목적지에 도착할 수 있었습니다. 우리가 인생길을 걸을 때도 언제나 넓고 평탄한 길만 나타나지는 않습니다. 때론 가파른 길을 걸어가야 할 때도 있고 지극히 위태롭고 좁은 길을 통과해야 할 때도 있습니다.
하지만 그럴 때마다 우리보다 앞서서 다른 사람들도 그러한 시련을 이미 감당해 왔음을 기억합시다. 그러면 우리도 모든 시련을 넉넉히 이겨낼 수 있을 것입니다.

오늘 주신 말씀, 마음속에 새기며 정성껏 필사해 봅시다

그러므로 내가 그에게 존귀한 자와 함께 몫을 받게 하며 강한 자와 함께 탈취한 것을 나누게 하리니 이는 그가 자기 영혼을 버려 사망에 이르게 하며 범죄자 중 하나로 헤아림을 받았음이니라 그러나 그가 많은 사람의 죄를 담당하며 범죄자를 위하여 기도하였느니라 (사53:12).

《 기록하기 》

26. 다시는 죄의 길에 서지 않게 하옵소서

Power of words

우리가 아직 연약할 때에 기약대로 그리스도께서 경건하지 않은 자를 위하여 죽으셨도다 의인을 위하여 죽는 자가 쉽지 않고 선인을 위하여 용감히 죽는 자가 혹 있거니와 우리가 아직 죄인 되었을 때에 그리스도께서 우리를 위하여 죽으심으로 하나님께서 우리에 대한 자기의 사랑을 확증하셨느니라(롬5:6~8).

사랑의 예수님

선하고 의로운 사람을 위해
혹 죽는 자가 있을 수 있겠지만
선인을 위하여 용감히
죽은 자도 있긴 하겠지만

죄인을 위해 죽은 자는
오직 예수님 뿐이십니다.

주님께서 십자가에 달려 죽으심으로
우리를 죽기까지 사랑하셨다는
증거가 되어 주시니
주님, 감사합니다.

늘 그 사랑을 믿고 나아가게 하소서.

주님이 어떤 분이신지
또 우리가 누구인지 알게 하소서.

죄악의 삶에서 생명의 삶으로
인도하신 주님을 찬양합니다.

죽음에서 생명을 얻은 우리를 늘 인도하시고,
다시는 죄의 길에 서지 않게 하옵소서.

◀ Story for prayer ▶

역경에서 승리

데카르트는 파스칼의 천재성에 질투를 느낄 정도였습니다. 파스칼은 선천적으로 허약한 몸과 과도한 연구로 건강을 잃었습니다. 그는 종종 심한 복통과 두통을 호소했습니다.
또한 파스칼은 결핵성 복막염 환자였습니다. 파스칼의 39년 인생 중 건강을 유지한 것은 고작 2년에 불과했습니다. 그럼에도 불구하고 그는 세계적인 과학자요, 수학자요, 사상가로 기록되고 있습니다. 그는 절망적인 상황에서도 낙담하지 않았습니다.
"내가 찾고 구하는 것은 하나님뿐입니다. 육체의 병이 영혼의 약이 됐어요. 내가 아는 지식은 단 하나, 당신을 따르는 것은 선이요, 당신을 거역하는 것은 악입니다."
파스칼은 건강이 극도로 악화된 상태에서 착상이 떠오르면 메모를 해두었습니다. 그는 5년 동안 924개의 주옥같은 단상을 남겼습니다. 이것이 바로 그 유명한 '팡세'입니다. 병은 신체의 장애일 뿐 의지의 장애가 아닙니다.
배를 부두에 묶어 놓는 쇠사슬은 그 사슬의 가장 연약한 고리만큼만 튼튼하며, 그 고리가 끊어질 때 배는 부두에서 끌려 나가게 됩니다. 주님을 붙들고 성령의 능력에 의지하여 강한 사람으로 살아갑시다!

오늘 주신 말씀, 마음속에 새기며 정성껏 필사해 봅시다

우리가 아직 연약할 때에 기약대로 그리스도께서 경건하지 않은 자를 위하여 죽으셨도다 의인을 위하여 죽는 자가 쉽지 않고 선인을 위하여 용감히 죽는 자가 혹 있거니와 우리가 아직 죄인 되었을 때에 그리스도께서 우리를 위하여 죽으심으로 하나님께서 우리에 대한 자기의 사랑을 확증하셨느니라(롬5:6~8).

《 기록하기 》

27. 하나님의 은혜와 구원의 능력

Power of words

십자가의 도가 멸망하는 자들에게는 미련한 것이요 구원을 받는 우리에게는 하나님의 능력이라 (고전1:18).

사랑과 능력의 예수님
자기 죄 때문에 십자가에 못 박혀
죽었던 죄인들이 있었습니다.

하지만 죄 없으신 예수님은
다른 사람들의 죄를 대신해
십자가에 죽으셨습니다.

세상 사람들은 예수님의 그 사랑을
이해할 수 없었습니다.

세상 사람들 보기에
예수님의 그 십자가의 죽으심은
우매하고 어리석은 희생처럼 보였습니다.

하지만 그런 희생이 없었다면,
우리는 여전히 죄의 그늘에서 벗어날 수 없었고

하나님께 나아갈 길도, 방법도 얻지 못했을 것입니다.
당신의 자녀가 되지도 못했을 것입니다.

십자가의 도는 멸망하는 자들에게는
미련한 것이지만
십자가의 도는 믿는 자들에게는
하나님의 은혜요, 구원의 능력입니다.

이 진리를 알게 하신 주님,
우리를 죄악 가운데 있지 않게 하시고,
오직 이 좁은 길 걷게 하소서.

《 Story for prayer 》

보석같이 아픈 과거

미국인과 한국인의 차이점 중 하나는 과거에 대한 인식입니다. 미국인들은 불우한 과거를 아주 자랑스러워합니다. 그들은 뭔가 특별한 것에 대해 강한 애착을 갖습니다. 그러나 한국인들은 출세한 후 힘겨운 과거를 감추려고만 합니다.

금발과 푸른 눈을 가진 최고의 배우 카메론 디아즈의 소녀시절 직업은 신문팔이였습니다. 그녀는 신문 한 부를 팔기 위해 길거리를 뛰어다녔습니다. 미셸 파이퍼의 첫 번째 직업은 슈퍼마켓에서 식료품을 포장하는 일이었습니다. 톰 크루즈는 안 해본 일이 거의 없었습니다. 고등학교 졸업 후 처음 시작한 일은 뉴욕에서 트럭을 운전하는 것이었습니다. 그는 버스운전사, 아이스크림 판매원으로도 일했습니다.

명배우 워런 비티는 허름한 카페에서 일당을 받고 노래하는 무명의 가수였습니다. 그녀는 첫 번째 출연한 영화에서 피아노 연주를 흉내 내는 역할을 맡았습니다. 하지만 이들 모두 자신의 과거를 숨기려고 하지 않고 당당하게 드러냅니다. 그날이 있었기에 오늘날 내가 여기 있다는 것을 그들은 알기 때문입니다.

철죽은 북풍 바람에 굳어지고 매화는 눈 속에서 향기가 아름답고 송죽의 기개는 세찬 겨울 바람에 그 모습이 더 드러납니다.

오늘 주신 말씀, 마음속에 새기며 정성껏 필사해 봅시다

십자가의 도가 멸망하는 자들에게는 미련한 것이요 구원을 받는 우리에게는 하나님의 능력이라 (고전1:18).

◀ 기록하기 ▶

28. 예수 그리스도와 그가 십자가에 못 박히신 것 외에는

Power of words

형제들아 내가 너희에게 나아가 하나님의 증거를 전할 때에 말과 지혜의 아름다운 것으로 아니하였나니 내가 너희 중에서 예수 그리스도와 그가 십자가에 못 박히신 것 외에는 아무 것도 알지 아니하기로 작정하였음이라 (고전2:1~2).

좋으신 나의 주님
고아와 같이 우리를 버리지 않으시고
우리를 기억하셔서 주님의 사랑을
알게 하시니 감사합니다.

바울은 복음을 전할 때
현란한 말솜씨나 지혜로움이 아닌
오직 예수님의 십자가의 사랑만 전했습니다.

예수그리스도와 그가 십자가에
못박히신 것 외에는 아무것도
알지 아니하기로 작정하였다고 말한
사도 바울의 놀라운 증언을 기억하게 하소서.

우리도 바울처럼
오직 예수 그리스도만 증거하게 하옵소서.

우리도 바울처럼
오직 예수 그리스도의 십자가에
못 박히신 것만 알게 하소서.

다른 것으로 그 십자가의 사랑을
헛되이 하지 않게 하옵소서.

◀ Story for prayer ▶

칠전팔기

한 음악가가 있었습니다. 그는 질병으로 반신불수 상태였습니다. 질병치료를 위해 많은 돈을 빌렸으나 이를 갚지 못해 감옥에 갇혔습니다. 이 절망적인 순간에 그는 오선지를 펴놓고 창작에 몰입했습니다.

이 사람의 이름은 세계적인 음악가 헨델, 그리고 감옥에서 만든 작품은 최고의 걸작으로 불리는 '할렐루야'입니다.

어떤 한 소년이 태어났습니다. 그는 태어날 때부터 병약했고, 사람들은 그가 오래 살지 못할 것이라고 수군거렸습니다. 소년은 학교에 결석하는 날이 많았습니다. 체육시간이면 운동장 한편에 앉아 친구들이 뛰노는 모습을 물끄러미 구경하거나 책을 읽었습니다. 소년은 몸이 약한 대신 달변가였습니다.

그는 사람들을 모아놓고 재미있는 이야기를 들려주었습니다. '이야기 선생님'으로 불린 이 사람의 이름은 스티븐슨, 소설 '보물섬'의 작가입니다.

악성 베토벤과 발명왕 에디슨도 듣지를 못하는 사람이었습니다. '실락원'을 쓴 밀턴은 시각장애우였습니다. 예술가들 중 '고난의 강'을 건넌 사람들이 많습니다. 역경은 위대한 창조의 초석이 되는 경우가 많습니다.

오늘 주신 말씀, 마음속에 새기며 정성껏 필사해 봅시다

형제들아 내가 너희에게 나아가 하나님의 증거를 전할 때에 말과 지혜의 아름다운 것으로 아니하였나니 내가 너희 중에서 예수 그리스도와 그가 십자가에 못 박히신 것 외에는 아무 것도 알지 아니하기로 작정하였음이라 (고전 2:1~2).

【 기록하기 】

29. 하나님의 말씀과 진리를 좇아

Power of words

우리가 알거니와 우리의 옛 사람이 예수와 함께 십자가에 못 박힌 것은 죄의 몸이 죽어 다시는 우리가 죄에게 종 노릇 하지 아니하려 함이니 이는 죽은 자가 죄에서 벗어나 의롭다 하심을 얻었음이라 (롬 6:6~7).

의로우신 나의 예수님
주님이 십자가에 못 박혔을 때
우리 옛 사람도 함께 못 박혔습니다.

그로인해 우리는 더 이상
죄의 종으로 살지 않지 않게 되었고
의로운 자로 여겨주셨습니다.

우리는 연약하고 부족하며 지혜도 없어서
세상의 지혜와 지식을 따라 어느 것이 중요하고
어느 것이 참된 길인지 알지 못하고 살아왔습니다.

하지만 십자가의 사랑을 통해
진정한 사랑을 알게 되었고
참 진리의 길을 걷게 되었습니다.

우리가 열심히 세상을 살아가듯
열심히 주를 믿고 의로운 길로
날마다 나가게 하소서.

이제 오직 예수님만 바라보게 하소서.

세상의 허탄한 것들을 좇지 않게 하시고,
오직 하나님의 말씀과 진리를 좇아 살게 하옵소서.

주님, 그 사랑에 감사합니다.

◀ Story for prayer ▶

향기인생

몰약은 매우 향기로운 향료입니다. 그러나 몰약의 주성분은 작고 거친 가시나무의 껍질에서 추출됩니다.

몰약은 가시나무의 껍질에 구멍을 뚫어 그 수액을 채집한 것으로 아라비아어로는 '무르'라고 부릅니다. '무르'란 말은 '매우 쓰고 고약한 맛'이라는 뜻을 담고 있습니다.

이 악취 나는 수액이 정제과정을 거치면 향긋한 몰약으로 변합니다. 정제의 과정을 거치지 않은 액체는 고약한 수액일 뿐입니다. 이 몰약은 동방박사들이 아기 예수께 드린 영광의 선물이었습니다.

고난은 몰약과 같습니다. 우리를 괴롭히는 고통, 패배, 가난, 억울함, 분노, 슬픔, 열등감 등이 때로는 인생의 좋은 향료가 될 수도 있습니다. 고통은 연단의 과정을 거쳐 삶의 향기를 발합니다. 그러나 모든 것을 포기하고 한숨만 쉬는 비관적인 사람에게는 고난이 곧 '독극물'입니다. 하나님은 낙관적인 인생관을 가진 사람에게 복을 주십니다.

오늘 주신 말씀, 마음속에 새기며 정성껏 필사해 봅시다

우리가 알거니와 우리의 옛 사람이 예수와 함께 십자가에 못 박힌 것은 죄의 몸이 죽어 다시는 우리가 죄에게 종 노릇 하지 아니하려 함이니 이는 죽은 자가 죄에서 벗어나 의롭다 하심을 얻었음이라 (롬 6:6~7).

〔 기록하기 〕

30. 늘 십자가의 삶을 살게하소서

Power of words

내가 그리스도와 함께 십자가에 못 박혔나니 그런즉 이제는 내가 사는 것이 아니요 오직 내 안에 그리스도께서 사시는 것이라 이제 내가 육체 가운데 사는 것은 나를 사랑하사 나를 위하여 자기 자신을 버리신 하나님의 아들을 믿는 믿음 안에서 사는 것이라 (갈2:20).

우리와 늘 함께 하시는 예수님

그리스도의 십자가에 함께
못 박혀 사라진 것은 우리의 죄입니다.

이제 예수그리스도와 함께
십자가에 못 박힘으로
우리 안의 죄는 죽고 그 안에는
예수 그리스도가 살게 되었습니다.

이제 예수님을 믿는 그 믿음만이
우리를 살게 하고

죽임이 우리의 삶을 끝낼지라도
더 큰 영생의 길로 나아갈 수 있습니다.

부활의 주님을 믿는 그 믿음이
저희 안에서 살아 숨쉬게 하옵소서.

늘 주님과 동행하며 주님과 함께 살아가게 하소서.
늘 주님이 기뻐하시는 삶게 하소서.

십자가로 이어진 그 사랑을 지켜
주님의 아름다운 자녀가 되게 하소서.

우리 생이 다하는 그날까지
늘 십자가의 삶을 살게 하소서.

◀ Story for prayer ▶

고통 후의 행복

인생을 살다보면 눈물짓는 밤을 만납니다. 아무도 곁에서 위로해 줄 사람도 없이, 깊은 밤을 통과해야 할 때가 있습니다. 어두운 밤은 외롭고 길게만 느껴집니다. 병이 들어본 사람은 병들어 고통 하는 밤이 얼마나 길고 지루한가를 압니다. 병이 들면 낮보다 밤이 훨씬 힘이 듭니다.

어두운 밤에 기승을 부리는 것이 고통입니다. 밤새 앓고 아침이 되었을 때에야 겨우 눈을 붙이는 경우가 많습니다. 실패한 사람이 맞이하는 어두운 밤은 두렵습니다. 어두운 밤을 통과해 본 경험이 있는 사람은 밤이 오는 것이 두렵고 내일을 또 살아야 한다는 것이 괴롭습니다. 인간을 지탱하는 힘이 희망인데 절망의 어두운 밤을 통과한다는 것은 쉬운 일이 아닙니다. 그런데 우리가 깨달아야 할 것은 어두운 밤도 하나님이 만드셨다는 것입니다.

어두운 밤일수록 별은 밝게 빛나고 있고, 밤하늘에 별이 있다는 것은 어둠 속에서도 길이 있다는 뜻입니다. 그러므로 어두운 밤을 통과하는 사람들은 낙심해서는 안 됩니다. 이 세상에서 가장 향기로운 향수는 발칸산맥의 장미에서 나온다고 합니다. 그런데 생산업자들은 장미를 가장 춥고 어두운 새벽 2시에 땁니다. 이유는 장미는 한밤중에 가장 향기로운 향을 뿜어내기 때문입니다. 희망을 가슴에 품고 발칸산맥의 장미처럼 아름다운 향기를 뿜어냅시다.

오늘 주신 말씀, 마음속에 새기며 정성껏 필사해 봅시다

내가 그리스도와 함께 십자가에 못 박혔나니 그런즉 이제는 내가 사는 것이 아니요 오직 내 안에 그리스도께서 사시는 것이라 이제 내가 육체 가운데 사는 것은 나를 사랑하사 나를 위하여 자기 자신을 버리신 하나님의 아들을 믿는 믿음 안에서 사는 것이라 (갈2:20).

《 기록하기 》

31. 그리스도의 사랑이 우리를 강권하시는도다

Power of words

그리스도의 사랑이 우리를 강권하시는도다 우리가 생각하건대 한 사람이 모든 사람을 대신하여 죽었은 즉 모든 사람이 죽은 것이라 그가 모든 사람을 대신하여 죽으심은 살아 있는 자들로 하여금 다시는 그들 자신을 위하여 살지 않고 오직 그들을 대신하여 죽었다가 다시 살아나신 이를 위하여 살게 하려 함이라 (고후5:14~15).

갈 길을 인도하시는 예수님
주님이 십자가에서 쏟으신
그 사랑을 마음에 품게 하소서.

구원을 받게 된 것도 십자가의
그 사랑 때문이었습니다.

가슴 가득 주님의 사랑을 품게 하소서.

마음에 구원의 감격 없이
부활절을 맞이하지 않게 하옵소서.

예수님의 그 사랑을 자랑하고 전파하기 위해
많은 사람들의 수고와 노력, 피와 땀이 있었습니다.

그들이 무엇을 향해 달려갔는지
다시 생각하게 하옵시고
그 사랑을 우리도 전하게 하옵소서.

인도하시는 주님을 따르게 하옵시고,
주님이 주신 그 사랑을 자랑하는 자가 되게 하옵소서.

◀ Story for prayer ▶

반드시 승리로 이끄는 아픔

기술발달로 인해 인조 다이아몬드가 만들어지고 있습니다. 탄소(C)로 된 숯을 1700도 고열로 가열한 후 5만 기압의 무게로 압축하는 순간 숯이 변하여 다이아몬드가 되는 것입니다. 1700도에 5만 기압! 그것은 숯에게는 극한 상황입니다. 이 극한 상황을 통과하는 순간 다이아몬드가 생겨나는 것입니다. 우리 인생에 아픔이 있지만, 그 상황을 어떻게 잘 통과하느냐가 중요합니다. 세상에서 가장 불행해 보이는 한 사람이 있었습니다. 그는 유럽에서 발발한 30년 전쟁으로 열두 살 때 아버지를 잃었습니다. 2년 후 어머니마저 여의고 고아가 됐습니다. 비극은 여기에서 끝나지 않았습니다. 그는 신학대학에 진학했으나 경제난과 건강악화로 14년 만에 학교를 졸업했습니다. 목사가 되어 교회에서 사역하고 있을 때 페스트가 유럽을 휩쓸었습니다. 이로 인해 아내와 네 자녀를 잃었습니다. 사람들은 그를 '비극을 몰고 다니는 사람'이라고 불렀습니다. 그러나 그는 숱한 시련을 통해 신앙의 깊은 곳으로 인도됐습니다. 그리고 고통의 편린들을 모아 하나님을 찬양하는 시를 쓰기 시작했습니다. 이 사람의 이름은 폴 게어하트로 찬송가 18장 「내 영혼아 곧 깨어」를 작곡한 독일의 찬양시인입니다. 하나님은 가끔 자신이 빛임을 보여주기 위해 인간을 어둠 속에 두기도 합니다. 자신을 무너뜨리는 것은 환경이 아니라 바로 나 자신을 어떻게 관리하느냐에 있습니다.

오늘 주신 말씀, 마음속에 새기며 정성껏 필사해 봅시다

그리스도의 사랑이 우리를 강권하시는도다 우리가 생각하건대 한 사람이 모든 사람을 대신하여 죽은 즉 모든 사람이 죽은 것이라 그가 모든 사람을 대신하여 죽으심은 살아 있는 자들로 하여금 다시는 그들 자신을 위하여 살지 않고 오직 그들을 대신하여 죽었다가 다시 살아나신 이를 위하여 살게 하려 함이라 (고후5:14~15).

《 기록하기 》

32. 오직 주님만을 마음에 채우게 하옵소서

Power of words

그리스도께서도 단번에 죄를 위하여 죽으사 의인으로서 불의한 자를 대신하셨으니 이는 우리를 하나님 앞으로 인도하려 하심이라 육체로는 죽임을 당하시고 영으로는 살리심을 받으셨으니 (벧전3:18).

신실하신 예수님
사람들은 자신의 죄악을 깨닫지 못하고
죄 없으신 주님을
십자가로 몰아 세웠습니다.

예수님은 단번에 죄인을 위해 죽으셨습니다.

십자가에 달려 죽으심으로
주님의 그 큰 희생으로
우리는 죄로 죽을수 밖에 없는 상황에서

의롭다함을 얻어
영생의 길로 나갈 길을 주셨습니다.

우리 죄로 인해 예수님이 죽으셨지만
그 죽음이 우리를 구원한 사랑이 되었습니다.

주님, 그 사랑을 마음 깊이 깨닫게 하옵소서.
그 구원의 기쁨을 마음에 가득 차게 하옵소서.

'나는 날마다 죽는다.'고 고백했던 바울처럼

우리의 욕심이 마음을 채우지 않게 하시고,
오직 주님만을 마음에 채우게 하옵소서.

◀ Story for prayer ▶

희망

하나님은 성도들로 하여금 참된 평화와 소망을 갖기 원하십니다. 그러기에 성도들을 향한 하나님의 모든 일들은 '합력하여 선을 이룬다'(롬8:28)라고 말씀하십니다.

징계 가운데 있다 할지라도 회개하고 기도하면 하나님께서 죄를 용서하시고 관계를 회복시키실 것을 약속하십니다. 하나님의 약속과 보장은 미약한 것이 아니라 성도들이 상상하는 것 이상의 온전함을 선언하십니다. 이런 놀라운 희망 앞에서 성도들은 기도의 열쇠를 들고 부르짖으며 기도할 것을 말씀하십니다.

한 농부가 풍향계에 "하나님은 우리의 기도를 들으신다"라는 문구를 새겨 헛간의 지붕 꼭대기에 매달았습니다.

한 여행객이 농장에 들렸다가 바람에 따라 움직이는 풍향계를 바라보게 되었습니다. 그리고 말하기를 "그러니까 당신의 하나님은 바람처럼 변덕이 심하다는 뜻입니까?" 하고 물었습니다.

농부는 머리를 설레설레 흔들며 "아니요, 제가 말하는 뜻은 바람이 어느 방향으로 불든지 하나님은 응답하신다는 것이지요." 라고 대답했습니다.

희망, 그 아름다운 이름은 하나님께서 우리에게 주신 가장 귀한 선물입니다.

오늘 주신 말씀, 마음속에 새기며 정성껏 필사해 봅시다

그리스도께서도 단번에 죄를 위하여 죽으사 의인으로서 불의한 자를 대신하셨으니 이는 우리를 하나님 앞으로 인도하려 하심이라 육체로는 죽임을 당하시고 영으로는 살리심을 받으셨으니 (벧전3:18).

《 기록하기 》

33. 다시 우리 안에서
그리스도가 소성케 하옵소서

Power of words

무리의 대다수는 그들의 겉옷을 길에 펴고 다른 이들은 나뭇가지를 베어 길에 펴고 앞에서 가고 뒤에서 따르는 무리가 소리 높여 이르되 호산나 다윗의 자손이여 찬송하리로다 주의 이름으로 오시는 이여 가장 높은 곳에서 호산나 하더라 (마21:8~9).

"호산나 다윗의 자손이여 찬송하리로다" 외치며
겉옷을 길에 펴고 종려나무가지를 흔들었던
많은 사람들이 있었습니다.

저들은 예수님이 진정 로마를 무너뜨리고
다시 강한 다윗 왕조를 세울 메시야로 여겼습니다.

유대의 많은 사람들은 주님을
진정한 왕으로서가 아닌
자신들의 기준에 맞는 왕으로 환영했습니다.

그러나 예수님은 죄악에 빠져 있는
영혼을 구원하시기 위해 이 땅에 오신 분이셨습니다.

늘 그 은혜에 감사하면서도
늘 연약한 나를 돌아봅니다.

아직도 예수님을
내 기준에 맞춰 생각하고 있는 것은 아닌지
입술로는 늘 고백하지만 여전히 주님을
내 마음에 모시지 않고 있는지 알게하시고

늘 감사함하며
주님을 모시고 살아갈 은혜를 허락하여 주소서.

우리의 죄를 위해 십자가에 달리시는
주님을 생각하며
다시 우리 안에서 그리스도가 소성케 하옵소서.

(Story for prayer)

세월의 지혜

시계바늘은 어김없이 돌고 있습니다. 우리는 시간이 지난다는 것, 세월이 우리 손에서 빠져 나가고 있다는 것을 느낄 때 단호한 결심을 하게 됩니다. 삶의 지혜는 우리에게 주어진 것을 최대한으로 활용하는데 있습니다. 실이 없이는 천을 짤 수가 없습니다. 그렇지만 우리가 아름다운 천, 쓸모 있는 천을 짜든지 아무데도 쓰일 수 없는 천을 짜든지 그것은 우리의 기술에 달려 있습니다.

하나님은 우리에게 생활 할 수 있는 에너지를, 우리의 정신에 사고할 능력을, 우리의 가슴에 감지할 능력을 주셨고, 그분은 우리가 원하는 대로 만들 수 있도록 원자재가 풍부한 자연의 장(場) 속에 우리를 놓아 주셨습니다. 하나님이 우리에게 주신 실을 우리는 어떻게 쓰고 있습니까? 낭비된 실, 잘못 사용된 실은 마지막 디자인에서 나타나게 마련입니다. 그러나 인생을 조화와 선(善)의 무늬로 만들 때에 우리의 존재가 온화함과 평화로움으로 충만하게 될 것입니다. 우리는 날이 가고 해가 바뀌어도 웃을 수 있습니다. 우리가 무엇을 시작할 때마다 우리는 "우리가 지혜로운 마음을 가지는 날들을 헤아릴 수 있도록 우리에게 가르쳐 주소서." 하는 다윗의 기도를 상기하게 됩니다. 미국 속담에 "Make hay while the sun shines!"(해가 날 때 건초를 말려라)란 말이 있습니다. 이 말은 "기회를 놓치지 말라!"라는 뜻입니다. 우리는 우리에게 주어진 기회를 소중히 여기며 주어진 시간을 귀히 쓰는 지혜를 가져야 할 것입니다.

오늘 주신 말씀, 마음속에 새기며 정성껏 필사해 봅시다

무리의 대다수는 그들의 겉옷을 길에 펴고 다른 이들은 나뭇가지를 베어 길에 펴고 앞에서 가고 뒤에서 따르는 무리가 소리 높여 이르되 호산나 다윗의 자손이여 찬송하리로다 주의 이름으로 오시는 이여 가장 높은 곳에서 호산나 하더라 (마21:8~9).

《 기록하기 》

34. 우리 마음을 돌아보게 하소서

Power of words

그들에게 이르시되 기록된 바 내 집은 기도하는 집이라 일컬음을 받으리라 하였거늘 너희는 강도의 소굴을 만드는도다 하시니라 (마21:13).

우리의 간절한 기도에 응답해 주시는 예수님
우리 마음을 돌아보게 하소서.

이스라엘 민족들이 자신의 이익을 채우고자
성전을 더럽혔습니다.

온유하신 주님은 거룩한 분노를 내시며
성전을 정화하시고 장사치를 몰아냈습니다.

우리도 그런 장사치가 아니었는지 돌아봅니다.

온갖 더러운 죄를 지으며
주님을 목적이 아닌 도구로
생각하지는 않았는지 다시금 돌아보게 하소서.

순결하신 예수님
 우리를 성전의 장사치가 되지 않게 하시고
거룩한 주님 전을 강도의 소굴이 되지 않게 이끄소서.

제 마음에 다른 것들은 없게 하시고,
오직 주님의 사랑으로 채워주소서.

기쁜 마음으로 주님을 바라보게 하옵시고,
주님께 더 향할 수 있게 하옵소서.

(Story for prayer)

나무의 문제는 뿌리에 있다

나무가 병들었을 때 우리는 그 원인을 볼 수 있어야 합니다. '뿌리 병(root disease)'이라는 것이 있습니다. 이 병에 걸린 나무는 여느 때와 다름없이 열매를 맺기 때문에 일반인은 나무가 병들었는지 눈치를 채지 못합니다. 그러나 전문가는 그 나무에서 느린 죽음의 서곡을 듣습니다. 병든 나무의 문제가 뿌리 병에 있는 것처럼 사람들의 문제도 바로 뿌리 병과 같은 영혼의 질병에 그 근본 원인이 있습니다.

영혼의 병만큼 무서운 병은 없습니다. 육체가 병든 것도 고통스럽지만 더욱 무서운 것은 심령의 병입니다. 그러나 영혼이 건강하면 무서운 육체의 질병도 이길 수 있습니다.

육체를 위한 건강관리는 잘하지만, 영혼 관리를 잘하기 위해 힘쓰는 사람은 많지 않습니다. 육체의 건강은 영원한 문제를 해결해 주지 못합니다. 병이 나았다 하더라도 다시 병들 수 있습니다. 그리고 인간은 언젠가는 반드시 죽게 되어 있습니다.

그러나 영혼의 건강은 마음과 육체에 유익을 줄 뿐만 아니라 영원한 세계까지 연결됩니다. 영성 훈련이란 영혼을 관리하는 것입니다. 모든 문제의 뿌리가 될 뿐 아니라 해결책을 제공하는 영혼 관리에 관심을 갖기를 바랍니다.

오늘 주신 말씀, 마음속에 새기며 정성껏 필사해 봅시다

그들에게 이르시되 기록된 바 내 집은 기도하는 집이라 일컬음을 받으리라 하였거늘 너희는 강도의 소굴을 만드는도다 하시니라 (마21:13).

《 기록하기 》

35. 제사장들과 서기관들의 질문

Power of words

이르되 무슨 권위로 이런 일을 하느냐 누가 이런 일 할 권위를 주었느냐 예수께서 이르시되 나도 한 말을 너희에게 물으리니 대답하라 그리하면 나도 무슨 권위로 이런 일을 하는지 이르리라 (막11:28~29).

능력 많으신 예수님
예수님이 하나님의 아들이라는 사실을
저들은 인정하지 않았습니다.
오히려 신성모독이라며
예수님을 십자가에 못 박았습니다.

예수님, 사람들은 주님이
하나님의 아들인가에 대해서 의문을 품습니다.

주님이 하나님 되심을 인정하지 못하고
지금까지도 의문을 품으며

생각할 수 조차 없는 일로 치부하면서
부인하고 조롱하는 자들도 많습니다.

우리가 그런 무지속에 갇혀있지 않게 하시고
세속의 문화속에서 휩쓸리지 않게 하소서.

이 세대를 본받지 않고 세상을 분별하여서
무엇이 진리인지 깨닫게 하옵소서.

바리새인들과 같이 겉모습으로만
주님을 섬기는 자가 되지 않게 하시고,

진정으로 온 마음을 다해
주님을 찬양하고 예배하는 자가 되게 하옵소서.

◀ Story for prayer ▶

영적인 힘

소설가 찰스 디킨스의 한 작품에 나오는 이야기입니다. 주인공 시드니 카트니는 어느 날 거울에 비친 독주에 취한 자신의 흉한 얼굴을 보고 이렇게 외칩니다.
"너는 어리석은 놈이다. 내가 너인 줄을 미처 몰랐다!"
그러면서 카트니는 거울에 비친 자신의 초라한 모습을 보면서 괴로워합니다. 드디어 그는 자기의 주먹으로 그 거울을 깨뜨렸고 결국 그 거울은 산산조각이 났습니다. 그는 자기 인생이 실패했다는 것을 철저히 절감했습니다.
그런데 작품을 보면 자신의 참 자화상을 발견하고 난 다음부터 시드니 카트니의 새로운 출발이 묘사되고 있습니다.
영적 자아에 대해 진지하게 검토하고 자기 자신을 철저하게 응시하는 것, 그것은 결국 그리스도를 통한 궁극적인 승리로 가는 지름길입니다. 하나님의 말씀은 사람의 영적인 자원이 되고 모두에게 믿음을 줍니다. 이 말씀은 떡으로만 살 수 없는 우리 인간에게 영의 양식입니다.
생명의 경건과 깨끗함을 줍니다. 이 말씀은 사람의 욕심과 음욕의 바탕을 근본적으로 순화시켜 줍니다. 이 말씀은 모든 믿는 이에게 영적인 승리를 줍니다.

오늘 주신 말씀, 마음속에 새기며 정성껏 필사해 봅시다

이르되 무슨 권위로 이런 일을 하느냐 누가 이런 일 할 권위를 주었느냐 예수께서 이르시되 나도 한 말을 너희에게 물으리니 대답하라 그리하면 나도 무슨 권위로 이런 일을 하는지 이르리라 (막11:28~29).

〔 기록하기 〕

36. 기도하며 깨어 있으라

Power of words

너희는 스스로 조심하라 그렇지 않으면 방탕함과 술 취함과 생활의 염려로 마음이 둔하여지고 뜻밖에 그 날이 덫과 같이 너희에게 임하리라(눅21:34).

나의 구원자되시는 예수님

무화과나무에서 싹이 나고
잎이 자랄 때에 여름이 올 것을 미리 아는 것처럼

주님의 때가 가까워 옴을 알게 될 것이라고
주님은 말씀하셨습니다.

우리가 먼저 깨어 기도하게 하옵소서.
환란과 고통이 곧 있을 것을 기억하며
깨어 있을 수 있게 하옵소서.

사랑의 예수님
생활에 대한 고민과 걱정으로
주님을 기억치 못하는 자 되지 않게 하옵소서.

오직 주님의 말씀으로 깨어 있어서
주님의 때를 기다리고 잠잠하게 하옵소서.

믿음을 지키며 거짓 선지자에
미혹되지 않게 하옵소서.

보기 좋은 모습으로 유혹한다 해도
주님을 지키게 하옵소서.
오직 주님만을 바라게 하옵소서.

◀ Story for prayer ▶

복음을 전파하라

복음전파는 은혜 받는 비결이요, 자신이 구원받는 길이요, 화를 면하여 기쁨이 넘치는 성도의 기본 사명입니다.
"너희는 온 천하에 다니며 만민에게 복음을 전파하라"(막 16:15).
이 말씀은 우리 주님께서 승천하시기 바로 전에 마지막으로 사랑하시는 제자들을 불러 모으시고 분부하신 말씀입니다.
우리 주님께서 이 세상에 계실 때 제자들에게 여러 가지 권면의 말씀을 하셨는데 그 중에 가장 큰 명령이 전도에 대한 이 명령입니다.
그것은 우리 주님이 이 세상에 오신 목적이 바로 "잃어버린 자를 찾아 구원하는 일"이었으며, 이를 위해 고난의 생애를 보내셨고 이를 위해 쓰리고 아픈 십자가를 지셨으며, 이를 위해 차디찬 무덤에 장사 되셨으며, 이를 위해 삼일 만에 무덤의 권세 마귀의 머리를 부수고 살아나셨기 때문입니다. 주님께서 이루어 놓으신 이 길은 얼마든지 주를 부르는 모든 사람에게 생명의 길이 되는 것입니다. 예수님은 제자들에게 "너희는 온 천하에 다니며 만민에게 복음을 전파하라."라고 최후로 명령하셨습니다. 그러므로 이 명령은 크고 귀한 명령입니다. 우리 모두 주님의 명령을 온전히 순종합시다!

오늘 주신 말씀, 마음속에 새기며 정성껏 필사해 봅시다

너희는 스스로 조심하라 그렇지 않으면 방탕함과 술 취함과 생활의 염려로 마음이 둔하여지고 뜻밖에 그 날이 덫과 같이 너희에게 임하리라 (눅21:34).

(기록하기)

37. 우리도 주님을 닮아가는 자들이 되게 하옵소서

Power of words

그들이 먹을 때에 예수께서 떡을 가지사 축복하시고 떼어 제자들에게 주시며 이르시되 받으라 이것은 내 몸이니라 하시고 또 잔을 가지사 감사 기도 하시고 그들에게 주시니 다 이를 마시매 이르시되 이것은 많은 사람을 위하여 흘리는 나의 피 곧 언약의 피니라 (막14:22~24).

예수님께서 제자들과 마지막 저녁 식사를 하실때 떡을 떼시고 축복하시며 제자들에게 나눠 주셨습니다.

또한 잔을 가지사 감사기도를 드리시며 제자들에게 나눠 주셨습니다.
주님의 살과 피라 말씀하시며 나를 기념하라 말씀하셨습니다.

지금 우리는 예수님께서 제정해주신 성찬을 행하며
예수님을 기념하며 감사하고 있습니다.

늘 우리와 함께 하시는 예수님
주님의 보혈의 피의 공로로
우리는 깨끗하게 죄 사함을 받은 자들입니다.

우리가 예수님의 그 보혈아래 있었기에
다시 살 수 있었고, 구원 받을 수 있었습니다.
그 사랑에 감사드립니다.

주님과 함께 걷는 이 길에서
주님이 품으신 그 소망을 품게 하시고

주님의 그 십자가 사랑을 자랑하는
우리가 되게 하옵소서.

우리도 주님을 닮아가는 자들이 되게 하옵소서.

◀ Story for prayer ▶

역사의 교훈

「역사의 연구(The Study of History)」라는 책으로 잘 알려진 영국의 역사학자 아놀드 토인비. 그는 런던대학에서 학생들을 가르치면서 늘 이렇게 강조했습니다. "역사의 주인이 돼라. 역사를 창조하는 사람이 돼라." 그러면 어떻게 해야 역사를 창조하는 사람이 되겠습니까? 토인비 박사의 대답은 이러했습니다. 인류 역사를 연구해보면 시대마다 역사를 빛낸 인물들이 있었습니다. 그 사람들의 삶에는 한 가지 공통점이 있었습니다. 그것은 그 사람이 자기가 살고 있는 시대를 위해서 자기 자신을 제물로 드려서 희생했다는 점입니다. 그래서 누구든지 그 시대의 역사를 빛내고 역사를 창조하는 사람이 되기 위해서는 그 자신을 희생해서 제물로 드려야 한다는 것이었습니다. 희생(Sacrifice)은 숭고합니다.

1912년 대영제국이 자랑하던 타이타닉 호에 탔던 2208명중 1513명이 목숨을 잃었습니다. 배가 가라앉기 직전 남자, 여자, 노인, 어린이 모두가 살기 위해 보트에 매달립니다. 그런데 37명의 기관사들은 끝까지 기관실을 지켰습니다. 7명의 악사들은 4월 15일 새벽 4시 10분 대서양의 얼음 바다 속에 조용히 잠기기까지 희생하였습니다.

한 알의 밀이 땅에 떨어져 죽어야만 많은 열매가 맺힌다는 예수님의 말씀을 토인비는 역사적으로 적용한 셈입니다. 우리가 이 시대의 주인공이 되어 역사를 창조해 나가기 원한다면 우리 자신을 순교의 제물로 드리겠다는 희생정신이 있어야 할 것입니다.

오늘 주신 말씀, 마음속에 새기며 정성껏 필사해 봅시다

그들이 먹을 때에 예수께서 떡을 가지사 축복하시고 떼어 제자들에게 주시며 이르시되 받으라 이것은 내 몸이니라 하시고 또 잔을 가지사 감사 기도 하시고 그들에게 주시니 다 이를 마시매 이르시되 이것은 많은 사람을 위하여 흘리는 나의 피 곧 언약의 피니라 (막14:22~24).

｢ 기록하기 ｣

38. 그 길의 끝이 영광의 길임을 알게 하옵소서

Power of words

쓸개 탄 포도주를 예수께 주어 마시게 하려 하였더니 예수께서 맛보시고 마시고자 하지 아니하시더라 그들이 예수를 십자가에 못 박은 후에 그 옷을 제비 뽑아 나누고 거기 앉아 지키더라 (마27:34~36).

날위해 십자가에서 고난 받으신 예수님
주님의 고난이 있었기에
우리는 살 수 있었습니다.

예수님은 고난을 감당하시고
하나님의 뜻을 다 이루셨습니다.

주님의 그 고통을 우리가 알게 하시고
우리를 사랑하셔서 고통을 참으신
주님을 돌아보게 하옵소서.

그렇게 주님은
십자가에 달리셔서 고난 당하시고 죽으셨지만
십자가 아래 사람들은 예수님이 입으셨던
그 홍포를 제비뽑아 나누고 있었습니다.

십자가 아래 사람들처럼
참 주님을 알아보지 못하고
자신들의 유익만 챙기려던 자 처럼 되지 않게 하소서.

그렇게 세상을 살지 않게 하소서.

세상의 것들은 달콤하고 쉽고 편해 보이지만
그것이 죄악의 길임을 우리는 잘 알고 있습니다.

예수님이 가신 십자가의 길은
험난하고 힘들어 보이지만
그 길의 끝이 영광의 길임을 우리가 알게 하옵소서.

(Story for prayer)

주님이 함께 하신다

어떤 부부가 배를 타고 바다를 건너 가다가 풍랑을 만나 위태로운 지경에 처하게 되었습니다. 그때 그 부인이 공포에 싸여 떨고 있자 남편이 부인을 위로할 의도로 품속에서 단도를 꺼내어 부인의 가슴에 겨누었습니다. 그런데 부인은 칼을 두려워하지 않았습니다. 남편이 "이 칼이 두렵지 않소?"라고 묻자 부인은 "칼이 사랑하는 당신의 손 안에 있으므로 두렵지 않아요."라고 대답합니다. 이 말을 듣고 남편이 "여보, 우리가 하나님의 품 안에 있고 하나님이 우리와 함께 계심을 믿으면서 어찌 바다와 바람을 두려워하오?"하자 그 부인도 안정을 찾았고, 무사히 바다를 건너갔다는 이야기가 있습니다.

이 세상에 살면서 우리를 위협하고 공포를 주는 일을 만나십니까? 그러나 이러한 두려움이 우리를 에워쌀지라도 하나님이 함께 하심을 믿으면 평안과 안심을 누릴 수 있습니다. 주님은 혼자 가라고 버려두시지 아니하시고 '함께' 가자고 강조하고 계십니다. 주님은 언제나 동행해 주시며 그 일을 다 이루기까지 함께 하십니다.

주님은 함께 가길 원하시고 또 함께 가지 않으면 우리의 목적한 길을 갈 수 없습니다.

오늘 주신 말씀, 마음속에 새기며 정성껏 필사해 봅시다

쓸개 탄 포도주를 예수께 주어 마시게 하려 하였더니 예수께서 맛보시고 마시고자 하지 아니하시더라 그들이 예수를 십자가에 못 박은 후에 그 옷을 제비 뽑아 나누고 거기 앉아 지키더라 (마27:34~36).

◀ 기록하기 ▶

39. 무덤을 파수꾼이 굳게 지킴

Power of words

빌라도가 이르되 너희에게 경비병이 있으니 가서 힘대로 굳게 지키라 하거늘 그들이 경비병과 함께 가서 돌을 인봉하고 무덤을 굳게 지키니라 (마27:65~66).

사망권세를 이기신 부활의 예수님
주님은 십자가에 못 박혀 죽임당하셨지만

제사장들과 많은 바리새인들은
예수님이 정말 부활 할 것을 두려워하였습니다.

이 침묵의 기간 동안에도 바리새인들은
분주히 주님을 막으려 했던 것입니다.

주님, 하루 동안 주님을 기억하며 침묵하게 하옵소서.

주님이 다시 살아날 것을 기대하며
조용히 묵상하기를 원합니다.

눈을 감고
주님의 고난을 되돌아봅니다.

쓰러지고 끝난 것 같은
주님의 모습이었지만
그것이 끝이 아니었습니다.

고난의 십자가 뒤를 기억하게 하소서.

이젠 부활의 주님을 바라보게 하소서.

(Story for prayer)

성령님의 역사하심

찰스 피니는 도시 전체를 변화시키는 부흥운동으로 유명했다고 합니다. 찰스 피니의 삶 속에 거하시는 하나님의 능력으로 인해 뉴욕 시내 전체가 극적으로 변화되었다고 합니다.
많은 사람들이 그의 설교를 듣고 가슴을 치며 회개하는 부흥이 일어납니다.
찰스 피니에 관한 한 가지 일화가 있습니다. 찰스 피니는 1800년대 말 어느 직물공장 지역을 걸어갈 때 하나님의 임재가 너무 강해서 그가 입을 열기도 전에 직공들이 무릎을 꿇고 회개를 시작했다고 합니다. 성령의 역사는 그 도시 전체를 뜨거운 회개와 회심의 도가니로 만들었습니다.
1907년 평양 장대현 교회의 부흥의 불길이 전 한반도를 관통해 부산까지 타올랐습니다. 얼마 전 인터넷을 보니까 북한도 중국처럼 지하교회가 활성화되어 복음이 불붙듯 퍼져가고 있다는 기사를 읽어보게 되었습니다.
그들은 초라한 장소에서 소리도 못 내고 하나님께 예배합니다. 우리는 성령님의 역사하심을 늘 사모하며 기도할 수 있어야 합니다.

오늘 주신 말씀, 마음속에 새기며 정성껏 필사해 봅시다

빌라도가 이르되 너희에게 경비병이 있으니 가서 힘대로 굳게 지키라 하거늘 그들이 경비병과 함께 가서 돌을 인봉하고 무덤을 굳게 지키니라 (마27:65~66).

(기록하기)

40. 부활하신 주님을 찬양합니다

Power of words

천사가 여자들에게 말하여 이르되 너희는 무서워하지 말라 십자가에 못 박히신 예수를 너희가 찾는 줄을 내가 아노라 그가 여기 계시지 않고 그가 말씀 하시던 대로 살아나셨느니라 와서 그가 누우셨던 곳을 보라 (마28:5~6).

할렐루야!
사망과 어둠의 권세를 이기신
부활의 주님을 찬양합니다.

우리의 소망이 어디에 있습니까?
부활하신 주님에게 있습니다.

우리의 생명이 어디에 있습니까?
부활하신 주님에게 있습니다.

죽음의 동굴에 갇혀 있으실 수 없으셨던 주예수님
모든 사망권세를 깨뜨리고
부활하신 승리의 예수님을 바라보게 하소서.

주님을 믿는 우리는 더 이상의 실패가 없고
더 이상의 절망이 없습니다.

그런 영광의 주님을 바라봅니다.
그런 승리의 주님을 바라봅니다.

다시 사신 예수님, 그 놀라운 승리는
곧 우리의 승리임을 믿습니다.

부활하신 예수님을 찬양합니다.

◀ Story for prayer ▶

솟아나는 샘물

미국의 백만장자였던 J. 고울드는 셀 수 없이 많은 돈을 가진 사람이었지만 임종 시에 이렇게 고백했습니다.
"나는 이 세상에서 가장 불행하고 비참한 사람이다."
고울드의 이런 고백을 깊이 상기해봐야 할 것입니다.
예수께서 수가성 우물가에서 한 여인을 만났습니다.
이 여인은 물질로도, 명예로도, 향락으로도, 그 어떤 것으로도 만족하지 못하였고 그녀의 가슴은 마치 구멍 뚫린 것처럼 공허하기만 했습니다. 예수께서 여인에게 말씀하십니다.
"내가 주는 물을 마시는 자는 영원히 목마르지 아니하리니 내가 주는 물은 그 속에서 영생하도록 솟아나는 샘물이 되리라."(요 4:14)
세상의 보화는 아무리 가져도 만족할 수 없지만 예수께서 주시는 보화를 갖는 자는 영원히 만족할 것입니다.
그것이 우리 인생의 근원적인 갈증의 해결책이기 때문입니다.
영원히 솟아나는 샘물, 우리의 영적인 기갈을 해결해 주실 분은 오직 예수 그리스도이십니다.

오늘 주신 말씀, 마음속에 새기며 정성껏 필사해 봅시다

천사가 여자들에게 말하여 이르되 너희는 무서워하지 말라 십자가에 못 박히신 예수를 너희가 찾는 줄을 내가 아노라 그가 여기 계시지 않고 그가 말씀 하시던 대로 살아나셨느니라 와서 그가 누우셨던 곳을 보라 (마28:5~6).

◀ 기록하기 ▶